体育译介与跨文化传播

Translation and Cross-cultural Communication of Sports

2023 年第 1 期

2023 年 6 月出版

ISSN 2831-7807

Publisher: Colorado Academic Press

ADD: 1758 Emerson St, Denver, CO 80218, United States

Website: www.cap-journals.com

目 录

CONTENTS

国外体育法律法规机器翻译难点与对策研究

——以 *Olympic Charter* 为例

梁晓娟[1]，李　航[2]
1,2 成都体育学院外国语学院，四川成都，610041

摘　要： 国外体育法律法规的引进与借鉴对发展和完善我国的体育立法有重要意义。借助于较为成熟的四个神经网络翻译平台，通过对 Olympic Charter（奥林匹克宪章）(2021 年 8 月 8 日版)的实例分析，研究国外体育法律法规翻译中应用机器翻译技术的难点。研究发现，其难点主要在于：（1）体育术语和法律术语的解码与对等无法完全实现，使得译文意义失真；（2）无法对多义词体育含义进行选择，进而无法顺应句子或语篇的整体表达；（3）对法律语言缺乏逻辑判断，无法实现法律语言重构。基于此提出译后编辑建议：对源语文本加工后再使用机器翻译平台初译、构建国外体育法律法规术语记忆库、发挥体育翻译人才和法律翻译人才特长，进行译后编辑再编辑。

关键词： 国外体育法律法规；机器翻译；译后编辑

1 研究背景与问题的提出

随着全球化日益发展，中国作为发展中大国在各个领域的全球参与度越来越高，体育是全人类的共同追求，其国际交往越来越密切。体育法律法规确定了体育活动和交往中的一系列社会规范，用于调整体育领域中的各种关系。我国体育法治建设肇始于 20 世纪 70 年代末，相较于国外 20 世纪初开展的体育立法工作，我国的体育法治化进程滞后了 80 年左右。随着国外体育联盟、国际性体育组织、国际大型体育赛事的不断发展，国外从体育组织到国家层面都不同程度建立了相对完备的体育法律法规体系。反观我国，体育立法发展历史不足 50 年。虽然实现了从无到有，基本构建了我国体育事业发展的法治体系，但仍然存在以下问题：立法层次不高、立法调整内容不完善、缺少解决体育纠纷的仲裁机制、缺少促进和规范体育产业发展的法规、对促进体育国际合作与交流的国际体育立法重视不够。[1] 当下，将国外优秀体育法律法规成果"引进来"为我国体育法治建设提供参考和借鉴，以及供相关人士研究和学习以维护我国在国际体育交往中的权益成为当务之急。

国外体育法律法规体系庞大，其中不仅涵盖英美法系国家和大陆法系国家在国家层面的立法，还包括奥林匹克宪章、国际单项体育联合会规章及职业体育联盟规章等国际体育组织的法律法规。人工翻译存在收费较高、处理时间较长、语言能力有限等固有缺陷，无法单纯

---

[1] 第一作者简介：梁晓娟（1997-），女，四川人，在读硕士研究生，研究方向：体育翻译，E-mail：1843926149@qq.com。
[2] 通讯作者简介：李航（1974-），男，教授，博士生导师，研究方向：中华传统体育文化外译。

依靠人工翻译实现国外体育法律法规如此大规模的翻译任务。然而，机器翻译虽然具有效率高和成本低这样的显著优势，但其准确性和逻辑思维能力却远不及人工翻译。由于人工翻译和机器翻译各自的缺陷，任何一方都难以独自承担起国外体育法律法规翻译这一艰巨任务，只有将两者结合，充分发挥各自的优势才是实现国外体育法律法规低成本、高效率、高质量翻译的最优解。然而，体育法律法规翻译中应用机器翻译有哪些难点？又如何进行译后编辑最终实现译文高质量产出呢？

2 国外体育立法概况

我国对法律有广义、狭义两种理解。从广义上讲，法律泛指一切规范性文件；从狭义上讲，仅指全国人大及其常委会制定的规范性文件。在与法规一起谈及时，法律指狭义上的的法律。本研究以国外法律法规为研究对象，其范围已超出我国对法律的定义范围，从立法主体来看，其不仅包含宏观上国家层面对体育的立法，更涵盖微观上国际体育组织、体育联盟、体育组织、体育联合会、体育团体等的规章、制度。简而言之。凡是能够调节体育社会中各种关系的所有"规定"都是本研究的研究对象。为了使研究更加具体化，笔者将对国外体育立法进行梳理，以具象化国外体育法律法规现状。

体育法是调整体育关系的法律，它的产生和发展与一个国家体育运动的产生和发展密切相关的。[2] 国外很多国家在很早就产生了今天我们所说的体育法。如英国在 1937 年就通过了《身体锻炼和休闲活动法》，美国从 20 世纪初也开始了体育立法进程。从 60 年代开始，美国的体育运动发生了新变化，体育立法越来越受到重视，同时体育立法范围也不断扩大。国外体育立法发展至今，以英美法系和大陆法系为代表的两大主流法系，在体育立法方面也呈现出了各自的特点。拿英美法系来说，它以英国普通法为基础、以判例法为主要渊源、以制定法为次要渊源，该法系代表国家包括英国、美国、加拿大等国。[3] 英美法系国家的体育立法始于 20 世纪初，历经美国的《业余体育法》、英国的《体育场地安全法》等制定法，以及 1987 年布朗案、1992 年耐特诉朱厄特案、1995 年学生运动员尿检案等判例法案例，英美法系国家的体育立法得到极大的丰富和完善。并且随着社会的不断进步和体育运动的快速发展，英美法系国家的体育立法更加全面和具体。以英美法系为代表的国外体育法律法规发展至今，其内容涉及广泛，囊括了体育社会中的方方面面；可操作性强，能够有效调节体育活动中的各种关系；具有科学性，紧随不断变化着的体育社会，不断修订以适应当下体育发展的需要。国外体育法律法规为我国体育立法提供了可借鉴的蓝本，通过翻译将国外体育法律法规"引进来"是非常有必要的。

3 机器翻译技术概述

机器翻译（Machine Translation，MT）指用机器（通常为计算机）将语篇从一个自然语言翻译至另一个自然语言。[4] 机器翻译自上个世纪 70 年代兴起发展至今，其技术发展历经四次变革：基于规则的机器翻译方法（Rule-based Machine Translation）、基于统计的机器翻译方法（Statistical-based Machine Translation）、基于实例的机器翻译方法（Example-based Machine Translation）和神经网络机器翻译（Neural Machine Translation）。神经网络机器翻译是目前机器翻译技术的最新成果，它完全采用神经网络完成源语言到目标语言的翻译过程，成为一种极具潜力全新的机器翻译模型。[5]笔者拟运用机器翻译技术的最新成果，并结合操作简便和使用广泛这两个原则，选取名气和用户口碑佳并提供免费在线服务的四个神经网络翻译平台腾讯翻译、百度翻译、微软 Bing 翻译、欧陆翻译进行对比分析。

机器翻译技术主要有三个方面的优点：一是成本低，机器翻译中需要人工参与的环节很少，基本上是由计算机自动完成，节省了大量人工，从而降低了成本；二是容易把控，机器翻译操作简单，能够在较为精准地把控翻译时间；三是翻译速度快，这得益于机器翻译是依托计算机程序生成的。[6]尽管近年来，有人高呼机器翻译将取代人工翻译，然而由于人类语言的复杂性，纯粹依靠技术的翻译机器不能产出高质量译文。机器翻译不具备人的思维，在翻译过程中缺乏对句子结构、语法应用以及上下文逻辑性等方面的考量，翻译出来的东西时常语法混乱，逻辑不清。国外体育法律法规由于其特殊的用途，对语言的准确性要求非常高，要想完全依托机器翻译实现对国外体育法律法规的有效翻译，从目前来看还不现实。

4 奥林匹克宪章的缘起与发展

"《奥林匹克宪章》是国际奥委会为发展奥林匹克运动所制定的总章程和总规则，为国际奥委会所承认的国际单项运动联合会、国家（地区）奥委会、奥委会组委会以及洲际或世界性的国家奥运会协会所遵守。"[7]《奥林匹克宪章》是现代奥林匹克运动的根本法，是奥林匹克主义的全部体现，这一法律文件是约束所有奥林匹克活动参与者行为的最基本标准和各方进行合作的基础。

《奥林匹克宪章》随着奥林匹克运动的不断发展而逐渐完善。1894 年国际奥委会（International Olympic Committee，IOC）成立之初并未制定具体的规章制度，仅确定了一些基本原则，如举办周期以及国际奥委会与政府之间的关系等。1908 年由现代奥林匹克之父顾拜旦起草了第一个具有宪章性质的文件——《国际奥委会的地位》，在这一文件中对国际奥委会的任务、组织管理、委员产生方式等关键问题作出了明确阐述。在此文件的基础上，继而形成了奥林匹克运动章程。在此很长一段时间里，规章中的名称用语十分混乱，如"奥林匹克规则（Olympic rules）和奥林匹克章程（Olympic statues）"。直至 1978 年，国际奥委会才将各类规章汇总为《奥林匹克宪章》，并正式使用"奥林匹克宪章"这一名称。随着奥林匹克运动的不断发展，国际奥委会在坚持基本原则和一贯精神的前提下，多次对《奥林匹克宪章》进行修改。现行最新版本为 2021 年 8 月 8 日版，这一版《奥林匹克宪章》删除了其中冗余的内容，增加了适用国际奥委会执委会决定的情形和要求个国家和地区奥委会成立运动员委员会等，以适应现代奥林匹克运动发展的新形势。

本研究选取《奥林匹克宪章》为机器翻译语料具有代表性和普适性。由于体育法律法规涵盖面极为广泛，要想对其全部内容进行研究不太现实，故本研究选取了极具代表性的《奥林匹克宪章》作为具体研究对象。就《奥林匹克宪章》本身来说，它作为规范奥林匹克运动的法律性文件，对于奥林匹克运动具有重要意义和价值；就其立法主体来说，国际奥委会作为奥林匹克运动的领导机构，以组织的形式而存在，对其他体育组织的立法具有极强的参照意义；就其内容和体系来说，《奥林匹克宪章》自 1978 年正式问世，而后历经多次修订与调整，形成了十分完备的体系，在众多体育法法规文件中具有代表性。《奥林匹克宪章》作为成熟的体育法律法规文件，对于本研究具有普遍适用性，通过对其细致研究，可以窥见体育法律法规翻译中应用机器翻译技术的普遍难点。

5 体育法律法规翻译中应用机器翻译技术的难点

5.1 体育术语和法律术语的解码与对等

体育术语和法律术语的正确解码与对等是体育法律法规翻译的关键所在。从本质上看，体育术语翻译"是把一种语言所表达的竞技运动信息转码成另一种语言的过程"，即首先要对术语有充分的理解，这是一个解码的过程，同时也是正确翻译体育术语的前提。通过对术语的解码再将正确的解码信息转化成另一种语言，则是转码这一环节。在法律文本中同样存在诸多术语，其能否被正确翻译直接对法律条款的有效性造成直接影响。甚至可以毫不夸张地说，"法律术语翻译的准确与否直接关系翻译质量的优劣"。[8] 由上述分析可见，体育术语和法律术语翻译对体育法律法规的翻译质量有直接影响。最为理想的结果是体育术语和法律术语都能够被对等翻译，但事实上这样理想的结果完全不可能实现。体育术语"是确切说明体育项目名称、理论、技术动作、战术、竞赛规则、训练手段、裁判工作或其他相关内容的专门术语"，从体育术语的涵盖范围可知，其深深植根于体育项目实践、项目自身的特征以及其项目衍生和开展的环境，而这些因素的背后无一没有文化的印记。然而，两种语言所承载的文化却相距甚远，从这一点来看要想跨越体育术语所根植的文化障碍，成功实现体育术语的对等翻译是几乎不可能的。对于法律术语而言，由于"英美法系和大陆法系在法律文化上的巨大差异使两种法系中法律概念的不完全对等甚至完全不对等，这导致法律术语对等翻译很难实现"。[9] 体育法律法规翻译由于兼具体育术语和法律术语翻译的双重诉求，要想实现对等更是难上加难。下文将选取奥林匹克宪章（2021 年 8 月 8 日版）中两个术语——CAS jurisdiction 和 Olympic Host Contract 来测试腾讯翻译、百度翻译、微软 Bing 翻译、欧陆翻译这四个平台的术语翻译能力。

上述四种机器翻译平台分别将 CAS jurisdiction 这一术语译为"民安队司法管辖权""CAS 管辖权""中国科学院管辖""中国科学院管辖"。根据奥林匹克宪章中"Abbreviations used within the Olympic Movement"(奥林匹克运动使用的缩略语)这一部分，CAS 为 Court of Arbitration for Sport 的缩略词，应当译为"体育仲裁法庭"。故 CAS jurisdiction 应当为"体育仲裁法庭管辖"，由此可见，目前的机器翻译技术对于体育法律法规领域的缩略词解码还存在严重问题。对于 Olympic Host Contract 这一术语，四个机器翻译平台分别译为"奥运主办方合同""奥运会主办合同""奥运主办方合同""奥运主办方合同"。四个翻译平台都将"Host"翻译为"主办"或"主办方"，但是根据国际奥委会的规定奥林匹克运动会只能由城市申请举办，与国家奥委会签订的对象应当是申办城市，所以这里的"Host"是指主办城市。而"主办方"是指有权举办某项活动的机构，即发起展览会或会议、论坛的单位或个人。单从词汇层面来说，"Host"译为"主办方"毫无争议，但是由上述分析可知，此处若将该词译为"主办方"则为错译。根据"Olympic Host Contract"的法律内涵，"奥林匹克运动会主办城市合同"或"奥运会主办城市合同"才是更为准确和贴切的译法。

由上述两个实例分析可知，机器翻译对于体育法律法规术语的理解存在严重偏差，从而对其解码造成直接影响，这种情况是由于当下缺乏与之相应的语料库直接造成的。

5.2 多义词体育含义的选择与顺应

许多体育领域的专业词汇往往不止表示一种体育含义，可能同时表示多个体育含义或是用于日常社会活动的普通意义，如 event 一词，在日常社会生活中我们一般将其理解为"事件、大事、社交场合、赛事"等含义。实际上，该词在体育领域是指具体的项目，为 game 一词的下位概念。拿篮球项目来说，篮球赛事或篮球项目我们可以称之为 game，在篮球项目下开展的具体项目如女子五人制篮球，我们则称其为 event。歧义（Ambiguity）是自然语言中普遍存在的现象，其实质是同一语言形式可能具有不同的意义，这也是自然语言与人工语言的不同之一，所以机器翻译所面临的难题之一就是语言消歧（Disambiguation）。[10] 根据语境对多义词的含义进行选择以顺应句子或语篇的整体表达，是目前机器翻译处理体育法律法规翻译的又一大难点。以下将通过实例测试机器翻译对奥林匹克宪章中多义词汇的识别和处理能力。

例句	The Games of the **Olympiad** are celebrated during the first year of an **Olympiad**, and the Olympic Winter Games during its third year.
腾讯翻译	**奥林匹克**运动会是在**奥林匹克运动会**的第一年庆祝的，而冬季奥运会是在第三年庆祝的。
百度翻译	**奥运会**在**奥运会**的第一年举行，冬季奥运会在第三年举行。
Bing 翻译	**奥林匹克**运动会在**奥林匹克运动会**的第一年庆祝，冬季奥林匹克运动会在第三年庆祝。
欧陆翻译	**奥林匹克**运动会在**奥林匹克运动会**的第一年庆祝，冬季奥林匹克运动会在第三年庆祝。
参考译文	**奥林匹克**夏季运动会在**奥林匹克周期**的第一年举办，奥林匹克冬季运动会在奥林匹克周期的第三年举办。

上述四个机器翻译平台对这句话的处理主要有以下三处错误：第一，Olympiad 为多义词，此处对该词的词义选择不当；第二，对 The Games of the Olympiad 的解码不符合领域内的语言习惯；第三，celebrate 一词在该语境中搭配不当。Olympiad 一词包含两层意思，一是指奥林匹克运动会，二是指奥林匹克周期（一个奥林匹克周期为四年）。该例句中的第二个 Olympiad 是指奥林匹克周期，而非四个机器翻译平台所识别的奥林匹克运动会。The Games of the Olympiad 应当是指奥林匹克夏季运动会，虽然此处没有出现 "summer"这一单词，但是在体育领域内奥林匹克运动会未明确标明为奥林匹克冬季运动会的，一般视为奥林匹克夏季运动会。这是由历史原因造成的。奥林匹克运动会最初仅包括夏季奥林匹克运动会，其历史

可以追溯到 2000 多年前的古希腊时期，然而冬奥会始于 1924，其发展历史不到百年。由于奥林匹克运动发端于奥林匹克夏季运动会加之其悠久的历史和千年来的影响力，所以有这样的使用习惯。另外，celebrate 一词表示"庆祝、赞扬、主持"等意思，但是此处的主语为奥林匹克夏季运动会，能与之相搭配的应为举办。百度翻译平台将其译为举行，相较于其他三个翻译平台虽然有一些进步，但是仍然不够准确。"举办"强调一件事，其中"办"有操办的意思，而"举行"是强调事情的过程，其主语搭配通常是"时间、地点"等。

通过以上实例表明，机器翻译在目前无论是对于体育领域内的多义词，还是对于社会生活中普遍使用的多义词都无法根据语境准确识别。对于体育领域内一些约定俗成或习惯性表达更是无法处理，然而这些内容是构成体育法律法规文本的关键所在，其不能得到准确翻译对体育法律法规条款的正确性有直接影响。

5.3　法律语言的逻辑判断与重构

翻译是人类最复杂的实践活动之一，涉及复杂的人脑思维活动。[11] 翻译不仅是两种语言在字词层面的转换，更包括对文本内涵的理解与重构。体育法律法规作为法律文本，具有高度的严肃性和严谨性，这不仅体现在语言风格上，还体现在文本的逻辑表达上。学者张法连认为法律翻译包含四个原则：准确严谨、清晰简明、前后一致、语体规范。[12] 在法律翻译中要坚持以上原则，确保译文的逻辑性是首要前提，若译文缺乏逻辑性，何谈译文的准确性、严谨性、简明性、一致性和规范性。然而，目前的机器翻译技术虽已进入神经翻译阶段，但仍不具备足够的思维判断能力，相对于人脑来说其思维能力还处于相对 "低能" 的阶段。机器翻译技术是现有的人类智力写入机器翻译系统在输出的成果，其实践无法像人脑一样进行逻辑判断，也无法灵活处理语义模糊和句子关系构成等难点"。[13] 以下将通过实例，来测试机器翻译的逻辑判断和文本重构能力。

例句	The IOC may recognise as NOCs national sports organisations, the activities of which are linked to its mission and role.
腾讯翻译	国际奥委会可承认国家体育组织为国家奥委会，其活动与其使命和作用有关。
百度翻译	国际奥委会可承认为国家奥委会国家体育组织，其活动与其使命和角色相关。
Bing 翻译	国际奥委会可能承认国家奥委会的国家体育组织，其活动与其使命和作用有关。
欧陆翻译	国际奥委会可能承认国家奥委会的国家体育组织，其活动与其使命和作用有关。
参考译文	国际奥委会可以承认那些其活动与国际奥委会的使命与职能有关的全国性体育组织为国家奥委会。

该例句为全国性体育组织获得国际奥委会承认成为国家奥委会的法律条款。从句式上来看，四个机器翻译平台的译文都是按照原文顺序进行字对字的逐一翻译，前后两个分句脱节未建立起相应的联系。从词汇层面来看，"mission and role"中的 role 一词概念较为宽泛，其含义通常由其所指对象决定，而此处其所指对象以物主代词表述。原文未直接阐明所指对象，机器无法进一步识别其真实所指，是造成此处 role 错译的主要原因。另外，四个机器翻译平

台将"national sports organizations"中的 national 译为"国家"同样有失妥当。Oxford Learner's Dictionaries 对 national 有两种释义：connected with a particular nation or shared by a whole nation，即表示与特定的国家有关或是为整个国家所共有的; owned, controlled or paid by the government，即表示由政府所有、控制或财政支持的。该例句中的 national 主要是意在阐明体育组织的范围，而机器翻译将其译为"国家"这一模糊表达实属不当。无论从句式层面还是词汇层面来看，当前的机器翻译都不能处理好文本内在的逻辑关系，更别说对逻辑关系的重构。

6 译后编辑建议

译后编辑是对机器翻译结果进行校正完善的过程，是人工智能时代语言服务行业的新趋势。当前，主要依据译语文本的使用用途和客户要求，将译后编辑分为两大类，即充分译后编辑（full post-editing）和轻度、快速译后编辑（light post-editing）。[14] 这两种译后编辑类型在质量上呈现巨大差异。充分译后编辑的质量与高质量人工翻译质量相当，即语法、句法、标点、拼写正确、语义和术语准确、修改文化差异的译文、保证译文风格一致；而轻度、快速译后编辑只要求译文质量可理解或足够好（good enough），通常只对错译、文化差异、句式结构进行修改。[15] 从体育法律法规文本的体育和法律双重属性以及其独特用途来看，体育法律法规文本的译后编辑应当是充分译后编辑甚至有更高的要求。有鉴于体育法律法规文本量极为浩大，以及提高翻译速度和保证译文质量的诉求，通过机器翻译技术进行初译再进行译后编辑势在必行。笔者将基于以上对体育法律法规的文本、翻译策略和方法与实例探讨，对体育法律法规的译后编辑提出以下三点建议：

① 对源语文本加工后再使用机器翻译平台翻译。多用代词是英语语言的典型特征之一，相比之下汉语则"墨守"名词，"慎用"代词。英语句子中常出现多个代词，而当前的机器翻译还不能很好地识别这些代词，常常造成句式的逻辑混乱，使翻译出来的句子出现前言不搭后语的情况。对源语文本进行加工，明确其中的指代关系，将代词转化为名词或名词结构可以有效提高机器翻译质量。以下通过实例测试源语文本加工后经机器翻译导出的译文质量。

源语文本	The President establishes the regulations for all elections except for the election of the President, for which the regulations are established by the IOC Executive Board.	
加工后源语文本	**The President of International Olympic Committee** establishes the regulations for all elections except for the election of the President. **Regulations of president election** are established by the IOC Executive Board.	
	源语未加工译文	源语加工后译文
腾讯翻译	**主席**为所有选举制定规则，但主席选举除外，而**它的规则**由国际奥委会执行委员会制定。	**国际奥委会主席**制定了除主席选举以外的所有选举的规则。**主席选举规则**由国际奥委会执行委员会制定。
百度翻译	**主席**为所有选举制定条例，但主席选举除外，**条例**由国际奥委会执行委员	**国际奥委会主席**为除主席选举外的所有选举制定条例。**主席选举的规定**由

	会制定。	国际奥委会执行委员会制定。
Bing 翻译	除选举主席外，**总统**为所有选举制定条例，**这些条例**由国际奥委会执行委员会制定。	**国际奥林匹克委员会主席**为除总统选举以外的所有选举制定规则。**主席选举的规定**由国际奥委会执行委员会制定。
欧陆翻译	**主席**制定除主席选举以外的所有选举的条例，**规则**由国际奥委会执行委员会制定。	**国际奥林匹克委员会主席**为除总统选举以外的所有选举制定规则。**主席选举的规定**由国际奥委会执行委员会制定。
参考译文	**国际奥委会主席**制定除主席选举以外的所有选举规则。**国际奥委会主席的选举规则**由国际奥委会执行委员会制定。	

通过以上实例分析可以发现经加工后的源语，其机器翻译质量得到显著提高。从整体翻译质量来看，虽与参考译文尚存差距，但整个句子的基本意思表述清晰，所指对象明确，不存在前言不搭后语的情况。这主要得益于将 "president" 完整补充为 "The President of International Olympic Committee"、将 "regulations" 完整补充为"Regulations of president election" 以及将两个半句切分为两个完整的短句，使得意义表达更加明确。

② 构建国外体育法律法规术语记忆库。由于缺乏对国外体育法律法规相关研究以及翻译语料，无法在短时间内构建起体育法律法规语料库，但是依托现有机器翻译的翻译记忆（Translation Memory，MT）功能，可以实现源语和目标语言之间的句段匹配。通过记忆库可以快速翻译重复或相似的翻译结果，以提高体育法律法规术语的统一性和翻译效率。

通过此次翻译实践与实验，初步建立国外体育法律法规小型术语记忆库，借助 TRADOS 计算机辅助翻译软件，利用 CAT 软件的"术语提取"和"词频统计"功能，将《奥林匹克宪章》中的术语和高频词提取出来，经由体育翻译和法律翻译专业人员确认后使用。由此发现术语翻译准确性大幅提升，同时系统自动匹配相似译文，避免重复劳动，翻译效率大大提高。

③ 发挥体育翻译人才和法律翻译人才的翻译特长，进行译后编辑再编辑。由于体育法律法规文本兼具体育翻译和法律翻译的双重属性，无论是词汇、句法、语体还是内在逻辑和文化等因素都涵盖体育和法律两个领域，通过二次译后编辑可以充分发挥两个领域翻译人才的特长，翻译质量能够得到更好的保证。

7 结语

国外体育法律法规翻译中应用机器翻译技术的三大难点，即体育术语和法律术语的解码与对等、多义词体育含义的选择与顺应、法律语言的逻辑判断与重构，可以通过对源语加工处理、构建国外体育法律法规术语库、发挥两个领域翻译人才的特长得到有效解决。但国外体育法律法规翻译的翻译实践和翻译研究都任重而道远。相较于人工翻译，机器翻译在翻译记忆、翻译速度和翻译成本上具有明显的优势，但是 "思维能力"低下。应当利用好机器翻译的翻译记忆功能和人工翻译的逻辑思维能力，充分发挥两者的优势，将机器翻译技术运用于体育法律法规翻译中。国外体育法律法规翻译领域还未得到应有的重视，要想实现进一步的发展，当务之急是要对国外体育法律法规进行系统性梳理，加快翻译实践和翻译研究，利用翻译语料资源构建体育法律法规语料库。

参考文献

[1]　袁古洁. 我国体育法制建设发展的现状、问题与对策[J].体育科学, 2009, 29(08): 26-31+38.

[2]　岳言. 浅析国外体育法制建设对完善我国体育法的借鉴[J].吉林体育学院学报, 2008(02): 36-37.

[3]　刘文明. 外国法制史[M]. 长沙：湖南人民出版社，2005: 123-128.

[4]　胡壮麟. 语言学教程[M]. 北京：北京大学出版社，2013: 25.

[5]　李亚超，熊德意，张民. 神经机器翻译综述[J].计算机学报, 2018, 41(12): 2734-2755.

[6]　罗华珍，潘正芹，易永忠. 人工智能翻译的发展现状与前景分析[J].电子世界, 2017(21): 21-23.

[7]　丁玉兰，古柏. 全面认识和理解奥林匹克运动——解读《奥林匹克宪章》[J]. 成都体育学院学报, 2005(05): 32-35.

[8]　张法连. 法律翻译中的文化传递[J].中国翻译, 2019, 40(02): 165-171.

[9]　谭福民，向红. 从功能对等理论看法律英语术语的跨文化翻译[J].当代外语研究, 2012(10): 52-55+77.

[10] 张政. 机器翻译难点所在[J].外语研究, 2005(05): 59-62.

[11] 宋仕振. 试论机器翻译与人工翻译的未来关系[J].未来与发展, 2019, 43(02): 25-30.

[12] 张法连. 法律文体翻译基本原则探究[J].中国翻译, 2009, 30(05): 72-76+96.

[13] 张法连. 法律翻译中的机器翻译技术刍议[J].外语电化教学, 2020(01): 53-58+8.

[14] 吴娜，顾毅. 人工智能时代译者译后编辑能力探究[J].中国轻工教育, 2020(06): 50-55.

[15] 崔启亮. 论机器翻译的译后编辑[J].中国翻译, 2014, 35(06): 68-73.

Research on Challenges and Countermeasures of Machine Translation in Foreign Sports Laws and Regulations: A Case Study of the Olympic Charter

Abstract

The Introduction of foreign sports laws and regulations are of great significance to the development and improvement of sports legislation in our country. With four mature neural network translation platforms, this study examines the challenges of applying machine translation in the translation of foreign sports laws and regulations, taking the Olympic Charter (August 8, 2021 edition) as a case. The study reveals that the main challenges lie in: (1) the inability to achieve complete decoding and equivalence in sports terminology and legal terminology, leading to distorted meaning in the translated text; (2) the inability to select the appropriate meaning for polysemous sports terms, thus failing to align with the overall expression of sentences or discourse; (3) the lack of logical judgment in legal language, making it difficult to achieve legal language reconstruction. Based on these challenges, suggestions for post-editing are proposed: pre-process the source text before using machine translation platforms; establish a terminology memory bank for foreign sports laws and regulations; give full play to the strengths of sports translators and legal translators for post-editing and re-editing.

Key words: foreign sports laws and regulations; machine translation; post-editing

主流社交软件"已读回执"功能的文化对比研究

——以微信和 WhatsApp 为例

李可心[1]，陈雪儿，袁　彬[2]
1,2 成都体育学院外国语学院，四川成都，610041

摘　要：社交媒体是否应上线"已读回执"功能一直是引发热议的话题，国外的许多社交平台自上线起就具有这一功能，而这一功能为何从未在中国使用人数最多的微信上线呢？本文以爱德华·霍尔的高低语境文化理论和霍夫斯泰德的文化价值取向理论为依据，对我国的私密化社交平台从未上线已读功能背后的原因进行了深入研究。研究发现，这一功能与我国的社交大环境与文化价值取向并不契合，并可带来社交危机的风险。而后提出社交聊天软件需要以用户需求为主，充分考虑中国的社交大环境与文化价值取向，突出语言表达的委婉含蓄以及对不确定性规避与一定权力距离的考量，从而创建具有人文色彩的社交媒体平台。

关键词：社交媒体；已读回执；高低语境文化；文化价值取向理论

1 引言

随着全球化发展和中国融入世界程度的加深，国与国之间的交往日益频繁。中国正以更加积极的姿态参与到国际事务中，以大国担当深化与其他国家的团结合作，通过"合作共赢"打造人类命运共同体。不同文化下的人们在国际贸易、国际教育、学术交流以及出国旅游等方面的交往日趋频繁，跨文化交际涉及的范围越来越广。跨文化交际不再仅仅是国家政要之间的磋商，或少部分精英之间的智慧碰撞，越来越多的人迫切需要跨文化交际能力的培养。因此，跨文化交际研究的必要性逐渐凸显。

此外，移动通信技术的飞速发展极大地丰富了人们的网络生活，社交软件应运而生。社交软件使人们的交流方式得到升级，聊天的形式也趋于多样化。现在的社交软件已经渗透到人们生活的方方面面，人们的联系方式从最原始的书信变成打电话发短信，再逐渐发展到今天，仅仅打开社交软件就可以完成打电话、发短信，甚至发送文件等功能强大的操作。如今，我们的生活与这些社交软件已密不可分。

在社交领域，微信和 WhatsApp 无疑是国内外的两大社交软件巨头。两者都属于即时通讯软件，在功能上也较为相似。这两个软件最大的不同在于，WhatsApp 在接收信息的用户查看消息后，会给信息的发送者予以"已读回执"。社交媒体是否应上线"已读回执"功能一直是极具争议的话题，对其开展研究有助于探寻不同国家和不同文化背景下的用户在社交中的文化价值取向，从而为跨文化交际提供一些可借鉴的经验。

---

[1] 第一作者简介：李可心（1997-），女，云南人，在读硕士研究生，研究方向：体育翻译，E-mail：286349629@qq.com。
[2] 通讯作者简介：袁彬（1972-），男，教授，硕士研究生导师，研究方向：体育翻译。

2 中外主流社交软件的数据分析

中国互联网络信息中心（CNNIC）发布的第 48 次《中国互联网络发展状况统计报告》显示，截至 2021 年 6 月，我国即时通信用户规模达 9.83 亿，较 2020 年 12 月增长 218 万，占网民整体的 97.3%。目前我国最主流的两款即时通信产品为 QQ 和微信，QQ 的月活跃账户数自 2018 年达到峰值（7.00 亿户）后开始下滑，而微信呈缓慢增长趋势[1]。微信创立于 2011 年，距离今年已经经历了 10 个年头。在这 10 年里，微信一路成长起来，不断地增加和完善其功能，已经成为了 12 亿用户的选择。微信创始人张小龙先生也在早前的演讲中表示，每天会有 10.9 亿用户打开微信，而微信支付也已经像钱包一样，成了一个生活用品。因此不难看出，微信已成为中国社交软件领域的领头羊。

然而，拥有如此庞大的用户量，微信在全球也只是排名第三。全球排名第一的社交软件是诞生于 2009 年的 WhatsApp，该软件支持显示用户最后在线、消息发送成功以及消息送达和阅读的标记。据 DataReportal、We Are Social 以及 Hootsuite 于 2022 年 1 月共同推出的 Digital 2022: Global Overview Report 表明，WhatsApp 是全球即时通讯软件中使用人数排名第一位的软件，其全球每月活跃用户已达 20 亿（图 1），约占全球人口的四分之一。经过 10 多年的发展，WhatsApp 的业务已经广泛覆盖了 180 多个国家，其中使用人数排名前十位的国家如表 1 所示[2]。由此可见，WhatsApp 在海外占据了很大的市场份额，是当之无愧的"社交之王"。

本文选取了微信和 WhatsApp 这两个社交软件作为代表进行对比研究，旨在探寻不同文化背景的用户对"已读回执"功能的不同态度与接受，以及其背后的文化因素，从而透视各自文化体系下的社交活动的文化价值取向。

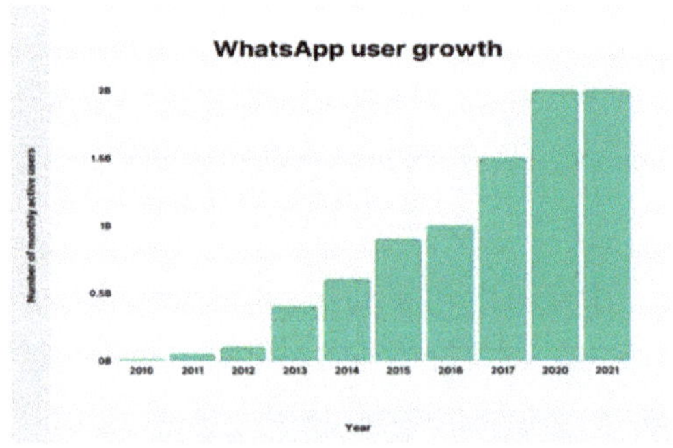

图 1 WhatsApp 全球每月活跃用户

Country	Number of WhatsApp Users
India	390.1 million
Brazil	108.4 million
United States	75.1 million
Indonesia	68.8 million
Russia	64.7 million
Mexico	62.3 million
Germany	48.3 million
Italy	35.5 million
Spain	33.0 million
UK	30.1 million

表 1 WhatsApp 活跃用户最多的国家

3 "已读回执"的概念和应用

"已读回执"是指信息接收者查看到信息后，依托于技术给予信息发送者的已读反馈[3]。"已读回执"原本是电子邮件中的一个功能，如果用户选择了写信页面下方的"需要回执"，当收件人打开邮件时，回执就会自动发出，这样就可以确认对方是否收到了该邮件，并且知道对方是什么时候阅读该邮件的。随着互联网技术的发展，"已读回执"被广泛地运用到了各大社交媒体中。

在办公类社交媒体中，"已读回执"的应用打破了线上交流的时间限制，使得沟通时效性得以提升，从而节约了公司运营成本。以钉钉为例，领导在工作群内发布工作公告后，无需等待对方回复"收到"，查看后留下的"已读"痕迹即表示对方已读消息。群公告还会显示未读人数，点击"Ding 一下"即可向未读员工发送提醒，消息被所有人查看后，则会出现灰色"已读"痕迹，以此提高消息传达效率。在该场景下，增加已读功能，可以节省等待回复所浪费的时间成本，提高消息传达效率，并且能有效避免发生以未读消息为由的推诿情况。

同样，在淘宝、闲鱼这类电商类社交平台中，"已读回执"的应用在技术层面上弥补了线上沟通所不具备的面对面的沟通情境。对于商家来说，可以借助已读功能统计哪些顾客会看自己的群发消息，便于用户分层；其次，商家还可以根据已读功能显示的消息状态推测顾客的购买意向，以便调整销售话术。已读跟回复之间的时间间隔越短，说明顾客越急于得到更多商品信息，购买意向也就越强，成交的可能性也就越大。对于顾客来说，已读功能驱使商家为了快速成交而主动加快消息回复速度，满足了顾客即问即答的需求和"顾客是上帝"的基本认知；也可以有效减少顾客因不确定的等待而产生的焦虑，从而减少顾客关闭商品浏览的频率，有助于交易转化。由此可见，电子商务类社交媒体中对"已读回执"的应用，可以为买卖双方带来更多潜在信息，更易于维系高效安全的交易环境。

另外，在招聘类软件中设置已读功能可以节省求职者和面试官双方的时间成本，提高双方的效率。求职者希望马上找到心仪的工作，面试官希望快速找到合适的岗位人选，他们对于效率的要求非常高。已读、未读的状态本身就可以传递一定的讯息，已读不回说明对方的意愿不大，不必在此浪费过多时间。已读功能很好地起到了一个缓冲功能，已读不回就是一种委婉的拒绝。如果没有已读功能，就只能直接开口拒绝，或是不回复让对方领会。直接开口拒绝会很难为情，不回复让对方领会则会拉低双方的效率，所以在招聘软件中应用已读功能是极具实用性的。

然而，在私密化社交类平台中，只有国外的软件应用了已读功能，就比如之前提到的 WhatsApp。两个用户在聊天时，都会得到对方正在输入的提示，而在信息发送成功后，会在消息下方出现对勾"√"的符号。如果消息被阅读之后，就会显示两个对勾"√√"的符号，而且确切的时间也会被标注出来。不仅如此，WhatsApp 还会显示用户最后一次上线的时间，用户在互联网上的数字痕迹无处隐藏。而国内使用人数最多的微信却从未上线该功能，因此，有必要对用户的态度和背后的原因进行深入的分析和探讨，揭示不同文化体系下社交活动的文化价值取向，从而看到微信未上线此功能的合理性。

4 国内用户对于"已读回执"功能的看法和态度

关于社交软件要不要应用"已读"功能这点，是一直存在争议的。2022 年 9 月，一个名为"全媒派"的新媒体公众号以 "已读回执"为主题向读者发起了调研，旨在调查人们对于别人"已读不回"的在意程度以及可以忍受他人"已读不回"的时长。调查结果表明，大部分的受访者对于别人"已读不回"的在意程度较高（图 2），十分看重他人对自己的信息是否有积极反馈。其次，从能够接受他人"已读不回"的时长调查来看，能接受 1 天以内或更长时间的人数占比总和达到 43%；5 分钟以内、15 分钟以内、30 分钟以内和 3 小时以内这几个忍受阈值的选择人数相近，均在 12%左右（图 3）。以上结果说明，虽然大家都不想遭遇已读不回，但对于已读不回时间的忍耐度没有想象中那么低。网络媒介与人际交往的过度关联使得人们不得不耗费过多的时间在网络社交当中，人的喜怒哀乐和思维方式在无形中都被数字技术影响着，在很多场景下，人与人的数字交往甚至超越了现实中的物理交往，承载了更多使命与期待，这带来了新的社交压力[4]。

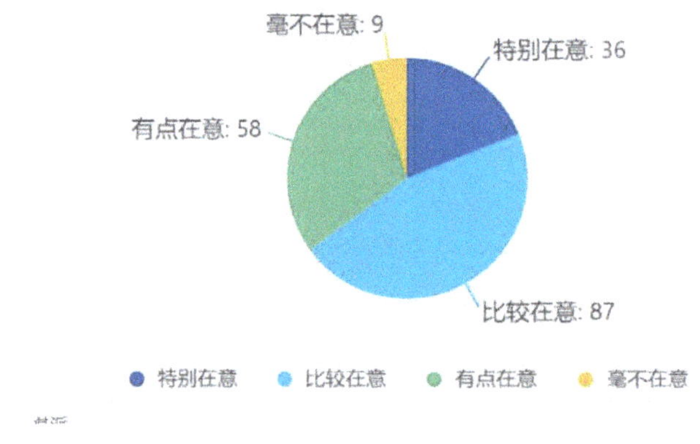

图 2 用户对于"已读不回"的在意程度

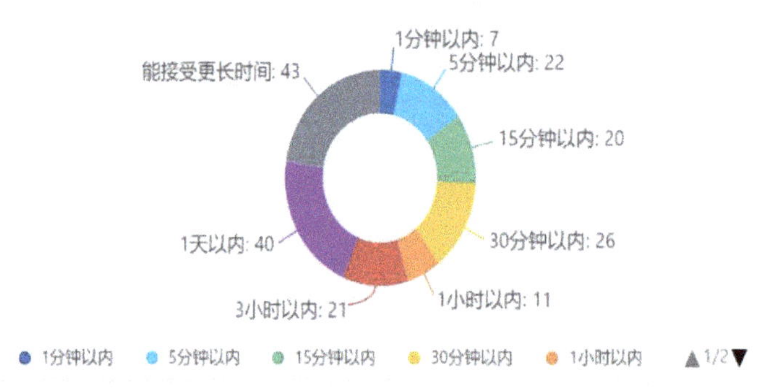

图 3 用户可以忍受"已读不回"的时长

事实上，国内早已有软件开发者悄然试探过用户对于"已读回执"的看法。微博是公开化社交媒体的代表性平台，该平台在 2018 年 11 月 1 日下线已读功能。少部分支持下线的用户认为该功能使作为浅社交平台的微博失去了社交自由感。而大部分呼吁重新上线的用户均来自粉丝圈层，他们认为微博私信功能为粉丝与偶像之间的交流提供了契机，而"已读"二字更是偶像看到粉丝留言的实证。"已读"功能下线后，这些想与偶像近距离沟通的粉丝，失去了确认被翻牌的机会，追星的漫漫长路上再次没有了姓名。这时有人在网上发起了提问：

如果微信有已读功能会是怎么样？

作为微信的同门师兄，腾讯 QQ 官博曾于 2020 年在微博上悄然发起过新功能投票："你希望 QQ 推出已读功能吗？"这次调查在网络上引发了大量讨论，有人觉得该功能在交流中具有实际意义，也有人表示 QQ 要是出这个功能就立刻卸载。该投票贴共有 5844 人参与，其中将近 75%的用户投了反对票。QQ 用户大部分都是年轻人，年轻人需要有自己的空间，而社交有时也是需要距离的。由此可以看出，目前我国大部分的网民对于即时通讯软件上线已读功能是十分抗拒的。那么在我国，为什么网民们如此抵触已读功能呢？

5 跨文化视角下的原因分析

（一）高低语境文化

美国人类学家爱德华·霍尔在《超越文化》这本书中初次提出了高低语境文化这一概念。霍尔根据人们交流时对语境的依赖程度将文化分为"高语境文化"和"低语境文化"[5]。在高语境文化中，人们的交际信息极少处在清晰的、被传递的语言编码中，它们大部分存在于物质环境中或被语言使用者内化；而在低语境交流中，人们则常将大量信息置于清晰的语言编码中，并在交际时更多依靠语言本身达成交流[5]。因此，像亚洲国家这类的高语境文化国家的人说话较为委婉含蓄，需要结合语境才能明白说话者的意思；而欧美国家这类处于低语境文化的人更倾向与直接表达自己的想法，交流更为高效。

在语言的使用方面，高低语境文化下的国家有着明显的差异。西方人的沟通倾向于直接、明确和个人化。具体表现为他们通常都直接表达自己的看法，把主要内容放在句子的开始，无论是正面或负面的发言，都敢于直接宣扬和表达自己，是一种直线式思维。而中国人的沟通通常是以更复杂的方式，面对不喜欢的事物也不直接拒绝，以含蓄的"通过字里行间的""只可意会，不可言传"的方式来表达自己的想法，是一种迂回式、隐喻式的思维。由此可以看出，在高语境文化中，群体非常重要，对群体和他人的承诺和责任要优先于对自己的考虑，而在低语境文化中，人与人之间的联系就很脆弱，个体对于他人的介入程度不高[6]。在如今的中国，微信俨然成为了一种最为重要的社交方式，并渗透到人们生活与工作的方方面面。而聊天中一个小小的"已读不回"，在对方眼中很有可能蕴含着多种信息，让这些我们日常接触的人群心生芥蒂，成为日后社交中的阻碍。

（二）文化价值取向理论

文化价值取向理论是荷兰心理学家吉尔特·霍夫斯泰德（Geert Hofstede）提出的用来衡量不同国家文化差异的一个框架。他认为文化是在一个环境下人们共同拥有的心理程序，能将一群人与其他人区分开来。在跨文化研究领域，文化价值取向理论具有里程碑式的影响力。

（1）个人主义和集体主义

霍夫斯泰德是这样描述个人主义和集体主义的："个人主义的社会观人际关系松散，个人只需照应自身和家庭。集体主义呢，个人一出生就融入群体，终其一生因其忠诚得到庇护。"[7] 个人主义文化下，人们会比较注重个人的感受，重视个体的利益；而集体主义的国家比较注重家庭、团队的感受，人际关系相对紧密。在交际中，个人主义文化中的个体话语更清晰，观点目的更明确。而集体主义中的个体更注意他人的行为和地位特征。也就是说，

集体主义文化中的个体更关注避免伤害他人和勉强他人[8]。霍夫斯泰德指出中国是典型的集体主义文化国家，而美国则是个人主义文化的典型代表。

比如在复杂的职场社交中，同事突然的问候难免让人手足无措。有的人想要借钱，有的人求人办事。因为某些不成文的社交潜规则，我们可以当作没有看到这条消息，对方也就不会再追问了。但聊天界面显示的若是"已读不回"，这就会让双方都陷入社交尴尬。看到消息但不回复，会显得没有礼貌，对方也难免心生芥蒂。这无形中给人们的社交带来了巨大压力，让本就复杂的职场社交圈，更加难以应对了。在和朋友的社交中亦是如此，试想如果你正和朋友聊得火热，却在点开消息后不小心忘了回复。在这种情况下，对方只会不断地回想自己是不是说错话了，或者猜测你是不是觉得没法再聊下去了。误会的产生只需要一瞬间，而解释误会却需要花费大量的时间成本和精力成本。即使你们刚刚聊得很高兴，有了"已读回执"后，原本简单的关系也开始变得岌岌可危。

（2）不确定性规避

根据霍夫斯泰德的理论，不确定性规避以焦虑和规范为特点。生活在高不确定性规避文化中的人通常比生活在低不确定性规避文化中的人表现出更大的焦虑感；在新生事物或模棱两可的事物面前，他们会表现出极大的关注和担忧。而低不确定性规避文化的人则生活悠闲，压力相对较小，幸福感高[9]。古人言"没有规矩，不成方圆"，传统的中国社会需要并制定出大量书写成文的规范，人的言行必须合乎规则。儒家思想中"礼"的内容相当丰富，涵盖了社会生活的各个领域。譬如，"宾礼"就是关于主人与客人，国与国交往的具体规范。民族的文化和价值观念制约着人们的言语及行为，中国自古以来就被称为"礼仪之邦"，在这样的文化熏陶下，人们更倾向于规避不确定性，在社交中容易产生焦虑。

和一些公开化软件不同，微信不是陌生人社交，里面包含了各种复杂的社交关系，所以如果经常"已读不回"容易给别人留下没有礼貌的负面印象。所以如果一个处于高不确定性规避文化中的人，在收到涉及复杂或沉重话题的信息时，可能一时并不能思考出一个合适的回答。但是他明知对方知道自己已读，也知道对方会有一个对于自己回复时间的预期，因此就会因为无法在短时间内做出好的回复而焦虑。比如某人收到一条"我们分手吧"的微信，本来可以用几个小时的时间来思考、组织语言以挽回感情，但是有了已读功能，收信人很可能会赶着 10 分钟之内回复，同时自己也很清楚这 10 分钟根本不足以把语言组织好，很有可能就此错过挽回感情的机会。很多本来可以避免的问题，将在"已读不回"的漩涡中被无限放大。

（3）权力距离

霍夫斯泰德是这样定义权力距离的：在一个国家的社会群体或组织机构内拥有较少权力的社会成员对权力分配不均的可接受程度[7]。此处的"社会群体"是指诸如家庭、学校和社区等基本社会单位；组织机构多指人们的工作的场所[10]。在中国，上级和下级、父母与孩子、教师与学生间的权力泾渭分明，任何超出权力范围之外的越权举动往往是不被倡导的，这种社会文化源自于儒家伦理道德观中的"君为臣纲、父为子纲、夫为妻纲"，它历经几千年，拥有丰厚的文化积淀，是维持中国社会稳定的伦理基础之一，也深深地影响着每位华夏儿女的行为准则，因此社会中权力分配的不对等性被普遍认同[11]。而像美国这样权力距离较低的国家，主张自由民主，其思想也较为平等、开放。

所以，在中国，对方的社会地位和辈分是社交关系中需要特别注意的因素。如果一个上班族好不容易熬过星期五迎来周末，其上司却在微信里临时安排任务，面对这种情况的时候，每个职场人都会感觉到异常的痛苦。在下班时间收到这种消息，作为员工根本不知道如何快速得体地回答老板。但此时一旦手滑点开了对话框，在明确显示的"已读"下，员工只能牺牲自己的休息时间来熬夜加班。若是不回复，这种行为便是明目张胆地向领导挑衅。无论是何种情况，对于我国这类权力距离较高的国家来说，"已读回执"在主流社交软件中的应用会让人左右为难，耗费时间精力，从而加重社交的复杂性。

6 结论

综上，"已读回执"是技术便利的体现，但用在微信这样的私密化社交软件中未必会带来正面的影响。正如微信创始人张小龙所说，微信要留给人撒谎的机会，把人都像机器一样约束起来不是好事。这样的做法将聊天的主动权留给了用户，人们可以决定自我呈现的方式。对于那些崇尚个人主义的低语境国家来说，"已读回执"的应用提升了沟通的时效性。但在中国的社交坏境下，则要尽量避免开放"已读回执"，以免造成社交危机。这体现出高语境国家对家庭、团队及人际关系的重视，强调语言表达的委婉含蓄以及对不确定性规避与一定权力距离的考量。因此，是否上线"已读回执"最重要的是以用户需求为主，充分考虑中国的社交大环境和文化价值取向，才能创建一个以技术为依托，充满人文色彩的社交媒体平台，从而增加社交的有效性，维护和谐的人际关系。

参考文献

[1] 中国互联网络信息中心.第 48 次《中国互联网络发展状况统计报告》[EB/OL]. 2021-09-15.
   http://www.cnnic.net.cn/hlwfzyj/hlwxzbg/hlwtjbg/202109/t20210915_71543.htm.

[2] Digital 2022:Global Overview Report [EB/OL]. 2022-01-26.
   https://datareportal.com/reports/digital-2022-global-overview-report

[3] 王丽娜. 接受与拒绝："已读回执"功能在社交媒体中的双面性[J]. 新闻知识, 2021(08):
   37-42.

[4] 网络社交新迷思：人人讨厌已读不回，人人都在已读不回 [EB/OL].2022-09-14.
   https://mp.weixin.qq.com/s/3RyAoRYqXf4DEeSyDxuXRw

[5] 爱德华·霍尔 著，何道宽 译. 超越文化[M]. 北京：北京大学出版社，2010.

[6] Gudykundt W B. Bridging differences:Effective intergroup communication, 3rd ed. [M]. New
   Bury Park, CA: Sage, 1998.

[7] Hofstede, G. Cultures and Organizations: Software of the Mind[M]. London: McGraw-Hill, 1991.

[8] KIM Y Y. Interculural Personhood.In L.Samovar&R.Porter, Intercultural Communication: A rea der[C]. Belmont, CA: Wadsworth, 1994.

[9] 徐晓晗.中西文化视角的英语课堂不确定性规避研究[J].现代交际,2021(13): 154-156.

[10] 王显云.中美权力距离差异的文化探源[J].黑龙江教育学院学报,2010,29(02): 125-127.

[11] 康健秋，禹娜. 霍夫斯泰德文化维度理论视角下的中国式教育观——基于《中国式家长》游戏的分析[J].教育与教学研究,2021, 35(11): 38-51.

A Cultural Comparative Study on the "Read Receipt" Function of Mainstream Social Software: Taking WeChat and WhatsApp as Examples

Abstract

Whether social media should have a "read receipt" function has been a hot topic of debate. Many foreign social media platforms have had this function since their launch, but why has this function never been launched on WeChat, the most popular social media platform in China? Based on Edward Hall's theory of high-low contextual culture and Hofstede's theory of cultural value orientation, this paper examines the reasons why China's private social platforms have never launched the "read receipt" function. The study found that this function is not consistent with the social environment and cultural value orientation in China, and can bring the risk of social crisis. Then it is proposed that social software should focus on user needs, fully consider China's social environment and cultural value orientation, highlight the euphemism of language expression, and consider the avoidance of uncertainty and certain power distance, so as to create a social media platform with humanistic features.

Key words: social media; read receipt; High-low Context Culture; Cultural Value Orientation Theory

跨文化视角下武术术语英译的困境与破局

叶　颖[1]，米雄辉[2]

1,2 湖南工业大学体育学院，湖南 株洲 412007

摘　要：语言是沟通的桥梁，翻译则是连接不同语言的民族进行文化交流的桥梁之一。伴随着中国武术国际化进程的不断推进，武术术语翻译受到了越来越多的关注和研究。本文采用文献资料法、访谈法探讨跨文化视角下武术术语翻译的现状，发现武术术语翻译缺乏统一标准；缺乏严谨精神；译者自身水平欠缺。为了规范武术术语的翻译，以此提高此领域的翻译水平，进而促进武术的国际跨文化交流与传播，提出武术术语的翻译原则与策略。

关键词：武术；翻译；术语

1 引言

近年来，《功夫梦》《功夫熊猫》《叶问》等影视作品逐渐地出现在大众视线，中华武术在全世界掀起了一股新的热潮，各国各地不断为武术发展献出新的力量。武术不仅是一种体育运动，更是一种艺术，既包含各式各样的招数，也包含各个领域的文化精神。如今，丰富的武术文化在国际上的影响力越来越大，不少国外的影视片都加入了中国武术元素，随着各国交流日渐密切，武术走向国际的过程本质上就代表一种跨文化传播的行为，而中华武术文化在国外是否得到全面而正确的理解，却是不言而喻。

武术跨文化传播是中国文化强国建设的背景下提出的，它跟语言一样，是中华民族走出去的途径之一。武术文化的"走出去"，首先术语的翻译工作至关重要。武术术语简短只有一二字，却能折射出中华民族的千年智慧和文化内涵，但是"土特产"的术语对许多外国学者就是天书，对于国内的译者而言难度也不低，当前武术术语翻译存在误译的现象，因此，正确处理武术术语翻译的文化障碍变得尤为重要。

2 武术跨文化传播提出

2.1 新世纪背景下的文化发展

新世纪以来，国家非常重视文化的繁荣发展[1]，而且文化自信日渐入民心，在武术的传播过程中，对武术国际传播的跨文化问题进行分析，强化国人的武术文化意识，深入关注武术传播者与接受者双方的跨文化理解与认同，以实现武术在社会的被认同感。武术从申请奥运会到在奥运会正式成为比赛项目，体现了国人对武术支持和中国武术被世界认可，这一变

---

[1] 第一作者简介：叶颖（1997-），女，硕士研究生在读，研究方向：民族传统体育学，E-mail：286852560@qq.com。
[2] 通讯作者简介：米雄辉（1977-），男，博士，副教授，硕士生导师，研究方向：高校体育智库、民族传统体育教学。

化吸引国外学者开始了解中国武术甚至中国文化，近年来各国的武术精英初露锋芒。"同中国文化一样，对于武术文化的内蕴、精神、核心，我们需要的不是去重新定义，而是将这些被忽视或者正在被忽视的文化挖掘、整理出来，通过分析和筛选，由武术文化自我认识逐步过渡到武术文化自信"[2]。

2.2 全球化背景下的文化自信

从跨文化的视角来看，各国意识到文化自信的重要性。随着全球化进程加快、各国交流增多，友好的中外关系促进了各国对中国武术文化的认识与理解，越来越多国外学者加入到武术这个大家庭，有着自己的兴趣和理解，思想上对中国武术的接受程度不断提高。以前国外的学者只有通过影视片、书籍或者千里迢迢来到中国学习武术文化，现在随着武术在全世界的推广，他们在家门口就能学到中国武术。

不难发现，全球化时代背景推动了武术乃至中国取长补短的机会。武术随着中华民族发展经历了漫长的沉淀，蕴含着中华民族的精髓，我们国人必须先对自己的文化有深刻的理解。传统武术的传承要首先培养良好的武术文化的自信与自觉,对传统武术文化不断学习,同时强化文化自信,使传统武术在学校中开展,扩大传统武术普及面,使传统武术教育作为中华民族文化自信提升的重要手段,有利于传统武术传承及发展。[3] 在这过程中，我们本着求同存异的原则，学习其他国家文化及传播方式的同时，为中国武术文化的国际发展找到合适的方法指引。

3 武术术语翻译的现状

3.1 文化差异

梅花拳 meihua boxing

长拳 long boxing

他们在翻译上都用了 boxing，可以看到，梅花拳英文翻译是拼音 meihua，而长拳是 long 而不是拼音 chang，所以，同样是拳，为什么翻译的方法却不同？显然这是没有达成统一的翻译方式。很多时候，术语和译文出现巨大文化差异的情况下，为了使读者得到和原文基本相同的信息，众多译者不得不舍弃武术术语的意义，以求译文与原文的表达通顺，却忽略原文与译文信息匹配度。

3.2 望文生义与文化冲突

红拳 red boxing

在《英汉汉英武术常用词汇》中"红拳"被译为 red boxing[3]。事实上，"红拳"中的"红"并不是指红颜色，它是一个拳种，形成于唐末宋初。很多学者看到这种术语的第一反应是直译，不考虑其深层意思，为了表达通顺选择丢失术语文化内涵，也有很多学者查阅资料时发现这种方法都纷纷东施效颦，这种思维模式在翻译过程成为了绊脚石。

揽雀尾 grab a bird's tail

中国语言具有模糊性的特点，而西方语言却有着严谨的逻辑性，每个事物有着明显界限。太极术语中的揽雀尾，从译文中看不出究竟是具体指的是哪种动物，孔雀、喜鹊还是麻雀呢？此外国外学者对某些动物的理解和我们的概念是不是一样，英文中有没有相应的比喻，我们并不十分了解。因文化差异产生的文化冲突，指某些词在汉语和英语中有着相同的指示意义，却有着不同，甚至是相反的联想意义。

4 武术术语翻译存在问题

跨文化传播是全球化发展的新课题，指具有不同文化背景的人通过文字、语言等形式进行文化信息交流。根据调查发现，有很多外国学者是通过中国武打影视知道中国武术，这多方面地提醒着我们要重视专业化的武术英语推广问题，武术具有交际性，武术传播主要分为国内与国外，而前者的效果制约着后者的质量。在国际文化传播中，须清醒认识到文化渊源差异造成文化传播的冲突与障碍，武术文化国际传播须选择良好切入点[3]。目前我国现有的武术翻译著作重心是在竞技部分，还有小部分的简单术语翻译，然而外国读者与观众可能会存在在他们的理解和其原意南辕北辙的现象。中国武术不像西方格斗，西方格斗是纯粹技法性运动类型，其翻译过程主要在于词汇表层，不论动作还是表达都直观易懂。在翻译武术著作时，译者如果对中国传统文化知识了解甚少，翻译时难免遇到遗漏深层含义的局面。显然，如果译者忽略中西方文化的差异，过分生硬直译，那么翻译出来的版本将很容易闹出乌龙，误导外国学者。武术走向国际，规范的术语英译是国际交流的前提，当然要正确完整翻译每一个术语是不可能的，但至少我们可以通过不断探讨和研究，发现问题，解决问题，从而找到最佳的翻译策略。

4.1 缺乏统一标准

作为一种重要传播文化途径，武术术语英译的规范如果得不到重视，武术的跨文化传播将会难上加难。从例子中我们可以得出：大多数译者将"××拳"处理为"××boxing"，但根据查询资料可得，boxing 指的是西方拳击，穿戴着拳套来进行来对抗比赛。显然这里的翻译是不准确，中西方的译文意思完全不一样，这样的翻译已经误导了许多学者甚至是译者。如果光靠个人努力，而长时间缺少相关出版物和统一标准，显然不能解决目前的问题，这非常影响武术文化的传播进度。

4.2 缺乏严谨精神

在术语翻译中，译者通常根据自己的理解和习惯进行翻译，五花八门的个人理解造成了混乱的翻译局面，会出现同一术语在不同著作有不同译文或同一著作中的术语有不同的翻译这些情况。一千个读者就有一千个哈姆雷特，就"武术"一词来说，就有 wushu, martial arts, kungfu, traditional Chinese combat exercise, Chinese traditional exercises 等多种译法[3]，这是由于这些译者的没有深入理解过每个翻译的含义，政府或者武术机构对翻译后的表达也没有一个明确的规定，所以造成了一个术语有多个翻译的现象。

4.3 自身水平欠缺

在武术术语的翻译中，实际上国外专家也只是解决了语法、表达习惯的问题，还是没有吃透武术动作术语的文化典故、形象寓意的内涵，他们也解决不了武术术语涉及文化、哲学等深层次的问题，他们的水平相当于"门外汉"，在一定程度上会阻碍武术文化的传播。武术中有一个动作称为"舞花手"，译为 dancing flower hands，可以看出这既不符合英语语法规则，也很明显地中国式英语的表达，根本无法准确传达动作要领。我们知道有部分术语是中国古文，我们国人在理解也要花上不少时间，可想如果把术语的艺术价值翻译出来难度是多大。因中西方文化差异，中西方人民对于同一事物可能产生不同的情感反应或不同的语义联想，这是跨文化交际和语言翻译中需要沟通的又一种障碍。

5 武术术语翻译的原则与策略

在进行传播的过程中我们最不能为了译文的语句通顺而丢掉文化内涵，只注重形式上的表达是治根不治本，这样的文化在世界的舞台上也很难站得住脚。在某些方面来说国际形象与武术文化是相辅相成的，武术文化的传播有利于塑造良好的国家形象，提高国际地位，同时也能提高西方对武术文化的认同感，这样会令国外学者摒弃民族偏见与刻板印象，愿意了解中国的武术文化并深入学习，更利于国粹文化对外的传播。武术文化想要在世界范围内得到更好的传播，武术的语言必须要跳出中国的舒适区，要以容纳开放的态度去接受中西文化差异以应对语言障碍，而不是要求学者一字不差地理解。但是武术语言在改革中不能丢掉传统武术的特点和文化内涵，否则会起反作用。容易被全盘西化，最终丢失了自己的文化。现在中华武术已经登上了世界比赛的舞台，可以借鉴的是日本柔道推向世界的过程，相信其一定能像柔道在推广中克服各种障碍，最终成为世界级的比赛项目。找到正确的对策对武术术语进行分析，既保持民族特色文化，又实现跨文化交际。

5.1 翻译原则

5.1.1 准确原则

在术语语义转化过程中，只有正确把握术语的内容，处理好术语中文化信息，才能确保跨文化过程中把武术术语意义与文化得到最大信息化。除此之外，武术的传播是文化传播的一部分，术语的正确翻译在促进文化交流中起到重要的角色，是让大众感受中国武术文化的重要途径之一。在实际情况中，我们尽量避免文化冲突，不要只把翻译的目光停留在文字的表层。

5.1.2 民族原则

传统武术的文化层面涉及广泛，其中包含天文、地理、生理、哲学等各个领域，对此类术语的理解程度会直接影响到译文的呈现。传统武术动作名称也多为四字，蕴含的信息内容并不少，确实想要把他们对等翻译不是一件容易的事。对于典型中国民族特色术语，无论是什么翻译方法，都难以表达内容，而最好的方式是采用音译，不丢失文化内涵的前提还能保证译文的质量。

5.1.3 美学原则

美学原则是在术语的翻译过程中接受美学的理念，从大众的心理以进行翻译创作，能使大多数人接受并采纳。基于大众的理解基础之上，通过武术术语译名来过去相关的信息与文化，满足大众的理解需要，让更多西方学者接受武术文化从而深入学习。翻译的时候可以注意结构形式或者音韵形式，音译的时候适当加入解释来展示中国的国粹文化。

5.2 翻译策略

5.2.1 翻译标准化

早在 20 世纪之初，朱自清先生曾指出译名统一应该有政府审定、学会审定、学者宣扬、多数意志选择 4 种途径，至今在武术术语翻译这方面我们并没有任何的举措出现。虽然不可能把所有的武术术语都翻译，但我们应尽量多地把他们收录在词典，收录后再大范围地宣传推广，及时同步到广大学者的著作中。对于著作的误译现象，我们要及时找出、统计并改正，把常见的术语统一归类，后续整理成词典或者权威著作，再从多途径去宣传应用。更为重要的是，武术术语标准化命名是以术语标准为基础的武术术语翻译标准化"千里之行始于足下"的关键步骤，这对武术国际传播而言意义重大。[5]

5.2.2 翻译严谨化

自从国际武术联合会将"武术"译名定为为汉语拼音"wushu"后，统一问题暂时得到了缓解，但在各类出版物和不同的译者认知里仍然见到不同版本，这说明了规范后还需要广泛宣传与应用。同时武术文化中一些特有的术语在英语中很难找到对应词，就如中国的诗词和春联，其英文翻译总是少了原来的文化韵味，这部分是典型的中国民族特色。或许有时候最合适的方式是运用拼音来翻译，但很多外国学者并没有学过拼音，所以我们并不能全部使用拼音，而且一旦全部使用拼音，那就失去了跨文化交际的意义了。我们翻译时要注意把术语中的信息再现，不能再让混乱的翻译使我们在传播武术文化的过程中自乱阵脚。

不论在哪一个翻译领域，译者都要有相关领域的知识和扎实的翻译基础，熟悉掌握同一概念的中英文表达法，这样的翻译表达才可以说是准确。翻译本身就是文化的双向流动和互动，充当着文化输入与输出的重要功能。目前对于武术术语翻译的资料甚少，我们除了解决术语规范的问题，也要正视缺乏相关资料的问题，只有参考资料足够多和权威，才能确保武术跨文化交流的顺利进行。

5.2.3 培养双料人才

武术术语涉及中国文化的很多领域，大量英语文化中没有对应词的现象，作为中国人，可能也不一定全部能理解。当然译者的自身翻译水平不能忽视，作为文化交流的使者，译者有必要提高对武术文化乃至中华文化的重视，先自身深入了解学习，再用自己的知识去进行翻译工作，找到合适的方法把中西文化差异降到最低，使外国学者能够在理解的基础上学习。目前我们要把目光放在青少年，少年强则国强，从小培养他们对武术文化的兴趣的同时加强外语的学习，让更多精通两种语言文化的人才投入到武术跨文化交流中。不管用什么方法，译者除了传递武术术语意义，也要传达术语文化内涵，进一步推进武术国际跨文化交流。

5.2.4 灵活运用技巧

失语症最初是医学术语，指由受伤或疾病引起的大脑损伤而导致思想表达能力及书面语理解能力的部分或全部缺失。20 世纪 90 年代文学评论家们开始批判西方文学思想的入侵及中国古代文学思想的流失，因此出现了"中国文学失语症"。在武术术语翻译中，不难发现中国文化失语现象，也能找到中英文之间的文化空缺词，文化空缺词是指中文里的某些词在英语中找不到相应的指示意义和联想意义。除了我们常见的翻译方法，我们还可以利用电脑排版图片，给解释模糊的武术术语配图，生动地表达术语的文化内涵。还能借鉴我们做英文的阅读理解，根据上下文的语言环境，在领悟原文含义的基础上对武术术语进行解释处理翻译，也是一种值得提倡的翻译方法。

6　结语

近年来，随着中国国力的不断提升，特别是北京成功举办奥运会之后，武术的国际化传播已成为必然趋势。基于上述讨论，论文指出正是从跨文化视角研究武术术语英译提供了客观依据。对于武术术语英译，武术专业人员因外语不通而束手无策；外语人员因不熟悉武术专业而望而却步，所以我们要培养更多双料人才，既掌握英汉两种语言，又对武术有深入了解，同时还熟悉西方文化。也许跨文化理论并不能解决所有的问题，但可帮助译者提高跨文化交际的意识，在翻译过程中充分考虑各种因素的影响。我国武术文化逐渐走出国门走向世界，可以看出我国武术文化的国际化有着良好的前景，武术术语翻译关系到我国文化的宣传，更影响着武术文化在国外的发展。克服武术语言障碍，提高译者翻译水平，强化国人武术文化意识，注重武术综合人才是我们现阶段需要重视的方面，期待在不久的将来，中国武术文化国际化推广之路将越走越宽。

参考文献

[1] 崔英敏，黄聪.跨文化传播：武术文化传播发展的新视角[J].北京体育大学学报, 2013, 36(07): 36-40+46.

[2] 李建威.逻辑、特质及路径：新时代中国武术文化自信研究[J].吉林体育学院学报, 2020, 36(03): 102-108.

[3] 曹坤.传统武术在校园开展意义及策略研究[J].武术研究, 2020, 5(09): 77-78.

[4] 陈麦池，张君.武术术语翻译及其跨文化传播[J].淮北师范大学学报(哲学社会科学版). 2012, 33(02): 104-108.

[5] 刘韬光，郭玉成.武术术语标准化命名研究[J].体育科学. 2016, 36(10): 26-31+79.

On the Translation of Wushu Terms from the Cross-culture Perspective

Abstract

Language is a bridge of communication, and translation is one of the means of cultural communication among people of different languages. With the constant advance of the process of internationalization for China's wushu, the English translation of wushu has received more and more attention. This paper discusses the current situation and characteristics of wushu term translation from the cross-cultural perspective, and puts forward some translation strategies to standardize wushu term translation, so as to make great progress in this field and the international cross-cultural communication and communication of wushu will be promoted.

Key words: wushu; translation; terminology

中华典籍《太极拳论》翻译规范嬗变的动因分析

秦 琴[1]

1 河南理工大学外国语学院，河南 焦作，454000

摘 要：《太极拳论》是中华典籍外译的一部分，对其译史梳理得知其翻译由从目标语靠近向源语靠近的运行轨迹，其变化的原因是由翻译规范引起的。规范具有规定性和描写性特征，规定性的表现在于为正确的行为提供模型和指南,而描述性解释说明了翻译会有某种特定形式和某些特征的决定原因。译者做出的规范选择不是恒定不变的，而是不断变化的。由于规范在翻译文化与社会发展历程中扮演着重要角色，其嬗变可从文化与社会原因解释。其中，文化方面包括赞助人、意识形态和权力关系；社会方面包括资本积累与译者惯习。

关键词：太极翻译；典籍翻译；《太极拳论》；翻译规范；惯习

2020 年 12 月，中国太极拳成功申请世界非物质文化遗产。太极拳及所代表的太极文化如若在全球文化发展潮流中凸显，势必需要借助翻译这一强有力的助手。但古往今来，译者经常被描述成仆人、媒婆、隐形人，是卑躬屈膝的，翻译行为被认为是译者在原文基础上实现文字的对等，翻译被置于次要地位。时至今日，中华太极翻译行为规律以及译者行为探讨仍然未见足够重视，学者的研究视角更多地关注怎么走出去、如何走出去，以及缺少对太极翻译规范、翻译史、译本的接受等问题的探讨。在国内，太极拳翻译研究者的关注主要集中在太极拳术语翻译[1]、翻译策略的使用上[2]，现有的太极拳典籍翻译研究也是集中翻译方法探讨[3]，未深入到理论所涉及的社会、文化现象。韦努蒂认为翻译在建构文化表征方面具有巨大的力量，翻译可以为外国创造反映本国文化和政治价值观的印象，并有助于塑造本国对外国的态度[4]。作为中国文化的优秀代表，对太极文化相关文本的翻译研究可以有效建构起国人、国家的形象，服务国家文化发展战略。

翻译过程似乎在不同程度上受"文化"和"社会"两个层面的制约：一是结构性的，包括权力、支配、国家利益、宗教和经济等影响因素；二是涉及翻译过程中主体，他们不断内化上述结构，并按其文化内涵、价值体系和意识形态采取相应的行动[5]。这使得对历史、语境及翻译规范的探讨成为可能，而规范在翻译过程中每个阶段都发挥作用。因此本文从目标语语境着手，通过翻译理论解释中华典籍《太极拳论》翻译规范嬗变的动因。

1 翻译规范

詹姆斯·霍姆斯 (James S. Holmes)的《翻译研究的名与实》是将该领域发展成为一门独

---

* 本文为河南理工大学"研究阐释习近平新时代中国特色社会主义思想和党的二十大精神"专项项目（SJDZXYB2023-10）的阶段性研究成果。
1 作者简介：秦琴（1987-），女，副教授，研究方向：翻译研究。E-mail: qinqin@hpu.edu.cn。

立学科的一篇重要论文。在文中提出了翻译研究所应该涵盖的内容，翻译研究包括"纯"研究和应用研究，"纯"研究又包括描述翻译研究和理论翻译研究。图里 (Toury)在此蓝图基础上尝试解释翻译理论与描写研究之间的关系，图里认为描述翻译研究关注翻译实际是什么以及为什么，而翻译理论解释翻译理论是什么以及可能是什么[6]。由于翻译具有实践性强的特征，也就意味着只有对翻译现象进行描写、解释，才能为翻译理论的建构提供文本支持；而理论又为描写翻译研究提供了理论支撑。于是，图里发展了描写翻译学，摆脱了传统上只限于"怎样译"或是对翻译标准、直译与意译等问题长期论争的束缚，描述标志着从"应用"到"纯粹"研究的转变，翻译研究也由传统走向现代。

翻译规范通常被视为规范翻译行为的力量，能够帮助解释翻译人员在翻译活动中一些客观、群体的共有规律，为什么这些群体要使用特定的解决方案或遵循特定的行为。图里认为语言现象分为"强制性位移"与"非强制性位移"，"强制性位移"也就是图里所说的"语言结构差异带来的规律性"，即由于语言之间的不对称导致译者"偏离源语文本模式"[6]；与之相对的就是"非强制性位移"，即如果我们忽视所涉及语言间的结构差异所导致的规律，关注于非强制性选择，我们可以寻找外部的社会文化制约因素来解释译者表现出的反复出现的倾向性选择，图里称这些制约因素为规范[7]。与"强制性选择"相比，"非强制性选择"无处不在，在任何一个人工翻译行为中往往占大多数，并成为规则的缩影[6]。通过对语言现象的观察，我们可以得出译者倾向于做出某些决定而不是其他决定，但描述是不够的，还需要解释，这就要求将翻译现象置于特定环境中，利用理论来解释说明翻译现象。规范在翻译过程中每个阶段都发挥作用，对某一特定社会中有效的翻译规范进行详细分析，将有助于深入了解该社会对翻译这一文化现象的看法[5]。

2 《太极拳论》英译规范嬗变及其动因分析

笔者通过对《太极拳论》英译研究发现：在《太极拳论》不同翻译时期，译者多选择释义与增词解释法：早期（1947-1961）译者利用增词解释法与删减法；中期（1962-1999）译者倾向选择增词解释向目标语靠近；而后期（1999-2015）译者倾向于逐渐向源语靠近，彰显中国文化底蕴。[3]

早期翻译规范表现在增词解释法与删减法：

原文 1：动之则分，静之则合。无过不及。随曲就伸。人刚我柔谓之走。我顺人背谓之黏。动急则急应，动缓则缓随。虽变化万端。而理为一贯。由着熟而渐悟懂劲。则懂劲而阶及神明。

译文 1：It is the root of motion, which is division, and of stillness, which is union. It must neither be overdone nor underdone--it must be exact...Comprehension comes from growing understanding plus effort and this leads one gradually to full enlightenment (Delza, 1961). [8]

从译文可以看出"随曲就伸。人刚我柔谓之走。我顺人背谓之黏。动急则急应，动缓则缓随。虽变化万端。而理为一贯。"这些内容并未译出。

原文 2：太极者，无极而生。

译文 2：Tai-chi Chuan is a branch of pugilism with outer from of sparring but based upon the theories of the Grand Terminus（陈炎林，1947）.[9]

　　早期译者将太极拳译为拳击的分支，并且拥有对打的形式。在西方读者对太极拳这种武术项目不熟悉的背景下，译者使用增词解释法以靠近目标语读者。

　　中期译者倾向选择增词解释向目标语靠近。我们来看这一时期译者梁栋材（T. T. Liang）的译文。[10]

　　原文 3：太极者无极而生。阴阳之母也。

　　译文 3：T'ai Chi (The Supreme Ultimate) springs from Wu Chi (The Limitless). It is the source of motion and tranquility and the mother of Yin and Yang.

　　根据沈寿的解读，这句话意思为"太极，是由无极化生的，是阴阳的本源"（沈寿，1981）[11]。译者选择英译世界中常用的 Tai Chi，并选择使用增词解释法向目标语靠近。阴阳之母原文中紧随其后的是"动之则分，静之则合"。译者在翻译"阴阳之母"时，除了译出"阴阳之母"，还将阴阳背后的隐含意义翻译出来，the source of motion and tranquility 即动静来源。

　　原文 4：由著熟而渐悟懂劲，由懂劲而阶及神明。

　　译文 4：Once this type of movement has become your own, you will understand internal power. After coming to an understanding of the internal power of movement, you can approach the theory of natural awareness. (Waysun liao,1990). [12]

　　这句话中，译者使用增词解释法以说明该句内涵。如："著熟"译者译为"Once this type of movement has become your own"，即完全掌握这些动作要领，"懂劲"译为"understand internal power"，"神明"译者译为"theory of natural awareness"即自然领悟能力。

　　后期译者倾向于逐渐向源语靠近，彰显中国文化底蕴。

　　原文 5：太极者，无极而生。

　　译文 5：Taiji is born of Wuji（郭振兴，2015）[13]

　　与早期、中期的太极翻译不同，后期涉及"太极"的翻译逐渐转换成 Taiji。

　　原文 6：虚灵顶劲，气沉丹田。

　　译文 6：An intangible and lively energy lifts the crown of the head(Xu ling ding jin). The qi sinks to the dantain(Louis Swaim,1999). [14]

　　译者翻译时将具有中国特色的词汇选择音译，保留中国文化元素。此外，译者还补充注释，如"虚灵顶劲"该词，译者认为从字面上翻译该词不现实，因此收集前人所译"虚灵顶劲"的译文，并在前人翻译基础上说明自己译文选择。为探究该术语，译者曾查阅宋代理学家朱熹的"虚灵不昧"，中国学家 Thomas A.Metzger（墨子刻）的"虚灵明觉"，以及现代哲学家唐君毅对"虚"和"灵"的解读。译者在翻译中向读者解释了涉及中国文化的内容，以及太极拳翻译的错综复杂之处。由此可见，译者努力保留更多中国文化元素，以便向源语靠近。

　　通过《太极拳论》英译历史梳理，可知翻译规范是在不断变化的。由于规范是由特定社会和历史群体产生的，会随时间而变化，就会引起规范的嬗变。翻译研究首先源起于语言学，不可否认语言学为翻译研究建构了科学模型，借助语言学原理阐释语际转换的规律。传统翻译研究也将研究视角局限于一般理论的制定和文本特征、翻译策略的描述[15]，而忽略了文化、社会等因素的影响。无论是向源语靠近 / 充分性翻译，抑或是巴西"食人"理论、小畑薰良"海变"译论[16]，仅局限于这种预先定义的界限的研究只能产生一种循环的推理。翻译是一种社会实践，如若全面的发展，就需绕过纯文本方法，将文化、社会因素纳入分析之中，而规范是将文化、社会研究紧密联系在一起。对翻译时期的社会文化背景和翻译规范的良好理解，有助于解释社会运动、文化政治和流行文学对这些文本的影响。

2.1 翻译原则

勒弗维尔（Lefevere）认为翻译受意识形态、诗学、赞助人 3 个因素的操纵，他认为这些比语言差异更能制约翻译[17]。此外，翻译还需要与其他话语和权力问题结合，这些就是翻译与文化研究整合的地方。

2.1.1 赞助人、意识形态的影响

纵观太极拳典籍翻译史，同样受到这三个因素的影响。赞助人可以是由个人、团体、机构、社会团员、阶层政党、出版商和媒体等来实施，被理解为具有某种权力，被定义为"能够进一步或阻碍阅读、写作和重写的个人或机构"。赞助人依靠专业人士使文学体系符合他们自己的意识形态，专业人士包括批评家、评论家、教师、翻译家。以太极拳协会、北大西洋图书公司为代表的出版社其实是扮演了赞助人的角色，他们对太极拳的重视为典籍英译提供了先决条件，而依靠太极拳海外习练者等专业人士的译介，使译本符合自己的意识形态，为自己服务。规范包括各种价值观、信仰和社会表征，这些价值观、信仰等在为特定群体的利益服务时具有意识形态力量。勒弗维尔认为意识形态是一种观念，这由某个社会群体在某一历史时期所接受的看法和见解构成，而且这些看法和见解影响着读者和译者对文本的处理[18]。译者的翻译活动是在特定的社会意识形态氛围的包围中进行的，而意识形态涉及与一切与翻译过程相关的因素，如作者、译者、读者群、赞助人等。在翻译时涉及意识形态冲突时，译者通常面临两种选择：一是译作符合译入语的主流意识形态要求，译者就在译文文本中完全加以保留；二是译作若不符合译入语的主流意识形态要求，译者会自觉或不自觉地对原文加以删改、省略等选择，以消解原文的异质，使译文符合当时的主流意识形态，符合译入语的社会文化语境。如《安妮日记》在德国发行时，译者为了使译作顺利出版发行，删除了与德国意识形态不符的内容。

第二次世界大战之后，美国经济快速发展。但"垮掉的一代"对现实极度不满，他们从中国文化中寻找理想的精神世界，如：隐居深山、放纵不羁的寒山诗，阴阳平衡的太极文化，他们开始逐渐接纳中国文化。翻译是本土意识形态与异域意识形态直接交锋的平台，在交锋过程中就会产生意识形态冲突。翻译决策在很大程度上受目标文化中文本类型惯例和规范的约束，同时期的中国文化作品向海外输出时也多采用删减法，如韦利翻译的《西游记》，译者对文中诗歌部分也是采取了部分翻译的方法。因此《太极拳论》翻译早期（1947-1961），译者为了消弥这种冲突，受目标语国意识形态影响对原文进行删减，顺应目标国国家的主流意识形态，使国外读者顺畅地理解译文而不造成误解，留下易学、易懂的印象。从这个意义

上讲早期翻译符合了这一时期翻译的主流和期望规范。反观海外作品翻译到中国的历程，在这段时期，中国正处于新民主运动时期，国内主流意识形态是寻找能够解决中国革命面临问题的途径。大量马克斯、恩格斯汉译作品复译，为中国新民主主义革命的胜利提供了理论支持。新中国成立后，为发展翻译事业，人民政府高度重视翻译工作，建立了翻译局等专门机构[19]，组织翻译和出版了一些世界知名作家的选集或全集，繁荣了我国翻译事业，国内文学也得以发展。但与同期相比，输出的作品多是"无意识"的介绍，多是民间自发组织的，凭借个人主观判断决定的；而输入的作品多是"有意识"的介绍，有组织、有方法、有步骤进行的。后期，如中国译者有意识向目标语国输出我国主流意识形态，直译一些具有中国特色的文化负载词。近几年伴随着中国经济迅猛发展，更多的外国友人主动地想要了解中国文化、了解中国的变化。在时代发展潮流下，"中国图书出版计划""丝路书香"等文化战略由早期单方面输入，到合作出版发行，再到越来越多国外译者加入到中国文本"走出去"浪潮中，译者也逐渐从业余向专业的转换。由此可知，不管是国内还是国外，意识形态是影响翻译规范嬗变的重要因素。

2.1.2 权力关系

翻译中的某些特征都是通过译者的思想来引导或过滤的，文化、社会权力和价值观、规范等通过译者个人认知对译文产生影响。皮姆（Pym）曾将读者进行了划分，分为排除型、观察型和参与型[20]。读者对译文总是处于排斥、观察和参与的区间，尽管译文有的顺利出版，但读者并未意识到他们是多么频繁地参与排斥或观察。如若《圣经》译者路德没有成功赢得帝国统治者的支持，也会像扬·胡斯（Jan hus），艾蒂安·多雷（Etienne Dolet），威廉·廷代尔（William Tyndale）一样付出生命代价。由此看来，翻译与权力有紧密联系，而翻译一定程度上反映了所有社会力量之间的权力博弈。权力是对翻译过程中社会观点发展的驱动力之一，这些因素有助于阐明翻译能够或实际上对社会变化产生的影响，或主导翻译的社会因素与翻译选择和最终塑造之间关系等问题[5]。权力关系镌刻在社会中运行的各种规范中，规范无论强弱与否，它都积极地促进语言使用所维持的权力关系的修正或维持。图里指出：我们希望看到规范发生了什么变化，以及权力关系是如何带来这些变化的[21]。权力的表现形式是多样的，可以对作者行使权力，亦可以对译者行使权力。对作者行使权力是翻译史上最古老的，新文学发展历史时期稍稍有成就的作家没有一个不受外国作家的影响，经过外国文学的启迪与介绍，丰富了作者的写作技巧。由于对外国语言和文学的崇拜，中国在明、清时期产生了大量"伪译"的文学形式，即作者选择以翻译文本的形式呈现原创作品，构成了将新奇事物引入文化的一种方便方式[6]；就译者权力而言，翻译家伍光建在翻译法国大仲马的《侠隐记》时，压缩或节略景物描写，凡与结构及人物没有多大关系的语句、段落、议论、典故等统统删去[22]。

在《太极拳论》翻译前期，汉语文化较英语文化处于弱势地位，目标语读者对中国文化内容不甚了解，有些术语在目的语国中并没有相对应的词汇可以表达，译者选择删除法、释义法等使译文信息更好为读者理解、认同与接受；而在翻译中期，由于美国大众受李小龙功夫影响，大家逐渐对中国武术产生深厚兴趣，这在一定程度上也助推了太极拳典籍的英译。民众已不满足获取一般知识，而对太极精髓，如：精、气、神等内容更为关注。译者意识到这些问题后在英译时选择更向目标语靠近，解释说明其文化内核；翻译后期受改革开放影响，中美两国文化、经贸的交流日渐频繁。在习主席"讲好中国故事、传播好中国声音，增强在国际上的话语权"号召下，中国译者也陆续登场，因受中国母语影响，他们在翻译时逐渐向源语文本靠近，表达中国文化元素，彰显文本异质文化特色。

2.2 规范嬗变的社会视角分析

正如上文所述，译者被认为是"隐形人"，译者研究并未受到重视，研究文化产品的科学方法常忽略译者研究。描述翻译研究将规范概念与社会学中"惯习"相结合，将译者研究纳入翻译社会学中，凸显译者在翻译研究中的作用。

2.2.1 资本在场域的运行

太极拳典籍文献译者主要有 4 种，即海外华人、汉学家、中国学者、中西学者合译四种，担当主力的主要是海外华人及海外汉学家。太极拳翻译初期，译者多为外籍华人，他们在向西方教拳的过程中，结合自己的习练心得，用英语向西方世界展现太极拳的习练内容。他们不研究翻译问题，书中也不探讨太极拳翻译问题，但却无意间开了太极拳翻译的先河。如：T.T.Liang，Yang Jwing-Ming，Jou Tsung Hwa，大多来自中国台湾，后到国外教拳，他们在文中都指出，因为自身虚弱练习太极拳后，逐渐感到身体比先前强壮，进而希望更多西方友人能够接受并从中受益。海外汉学家如：Louis Swaim 因习练太极拳而翻译太极拳文献，Barbara Davis，Douglas Wile 因对中国文化感兴趣，进而研究太极拳典籍文献，并著书立说。

在这些翻译活动中各种参与者的身份、关系是如何影响翻译规范的，可以从社会学的角度来阐释。布迪厄（Bourdieu）的社会学理论中核心内容有场域、资本和惯习。场域、资本和惯习关系可理解为：竞争群体通过惯习生产和复制自己，并建立和巩固他们的权力地位，所有人都在获得特定形式的资本[23]。所谓场域，是为了更好地解释现代社会关系而创造出来的概念，指"具有自己独特运作法则的社会空间"[24]。太极拳习练者所在的圈子是太极拳场域，太极拳译者形成的社会网络是太极拳翻译场域。但各种场域之间相互关联，比如，太极拳的海外传播可以看作是太极拳场域与翻译场域的相互构建，翻译推进了太极拳的海外传播，在海外构建了场域，完成了他们的各类资本积累，培养了习练者的惯习，与此过程中，又进一步完善了太极拳本身的研究，构建了更加宏大的场域、更加丰富的资本和更加杂合的惯习。而探讨场域内部的动作规则就是探讨参与者的资本问题。资本可分为 3 种基本形式，"经济资本""文化资本""社会资本"[25]。之后布迪厄又提出了"象征资本"，即被场域中其他参与者认可，认为值得追求的行为。"象征资本"在翻译场域中的表现形式多样，可以是原作者的资本、译者良好的双语基本功以及对某专业领域的熟悉程度等。

翻译的早期阶段，无论译者年轻与否，因缺乏安全感，倾向于按照过时但仍然有效的规范行事[21]。在翻译史上，每个时期、每个阶段都会有违背当时的期待规范的例子，但总体而言，大部分译者为了使自己的译作能够得到更好、更广泛的接受和认可，他们一般都会选择与遵从流行的规范，避免"不当"行为的负面制裁。如果译者不符合当时的期望规范，那么就会被大众认为是"不合格的"翻译，甚至不被承认是翻译作品[26]。翻译受规范支配，但并不意味否定翻译行为所蕴含的自由选择，中期梁栋材（T. T. Liang）的译文较之前期译文相比发生重要转变，梁栋材是第一位在文本中加入注释的，而此后越来越多的译者选择翻译加注释。翻译界的大变革往往是由经验丰富的译者来完成的，从数据看，他使用直译法陡然上升，而且在前言中明确指出他是第一位在书中加注的，以后的翻译文本中也不断有加注译本。如果译者选择了一个与预期不一致的决定，通常会在前言或脚注中给出理由，说明他们违反了主流规范并表现出某种异常行为。梁栋材早年毕业于天津南开学校，而后先后在天津、夏门、台湾海关工作。杨澄甫的高足郑曼青当时在台湾成立中拳社，梁栋材有幸成为其入门弟子之一。随后，郑曼青将太极拳及中国传统经史书画文化带入美国，是对外传播者中较为杰出的一位。梁栋材在美国任教 12 年，因此积累了一定的象征资本。在他的作品前言中作者指出许多太极拳典籍文献都是简练而深奥的，所以即使在中国的书籍中，原文也常是由一位经验丰富的大师写的注释来阐明的。太极拳翻译场域中译者对该领域专业知识是其象征资本的重要体现，而原作者的资本也在无形中增加了译者的象征资本。当译者在翻译场域中积累了足够的象征资本时，就具有了话语权，而当译者的翻译策和思想被广为承认，就形成了翻译规范，参与塑造其他参与者的惯习。

2.2.2 译者惯习

列维（Levi）将翻译活动描述成一系列的动作，每一个动作都涉及到从一系列可能的选项中做出选择，然而译者的选择不是随机的，规范决定了译者的选择。布迪厄认为规范或强、或弱，也可以是持久的，较强的规范往往会随着时间推移而趋于稳定并制度化，会逐渐内化为一种性情，一种倾向。在实践中，遵循一套既定的规范可能是一种后天养成的习惯，实际上就是"持久的倾向"中的"惯习"。但规范只告诉译者倾向的选择，并不直接作用于译者，不能为译者如何进行翻译制定规则和指导方针。规范选择背后的原因可以通过译者形成惯习来解释[27]。惯习在个人和社会之间起中介作用，通过社会实践获得，很大程度上通过交流、话语产生。西梅奥尼（Simeoni）认为译者惯习以及译者能力、翻译目的、任务条件和更广泛的翻译传统，这些因素共同影响译者决策，导致了特定语篇技巧的使用，从而产生了各种对等和转换，这样就实现了由规范到惯习的转换。惯习是一套倾向于行为者以某种方式行动和反应的性情，而性情的培养是逐渐灌输过程中获得的。惯习重要特征的"内在化"指外在的社会结构和规范最终转化成译者自身的一部分，融入到个人的日常生活中，内在化为性格，并表现出某种行事方式的倾向。

《太极拳论》翻译早期，由于译者地位低下，作者没有记载译者相关情况，但从第一本译作校译者——任上海两所大学的教授陈遹 (Kwei Chen) 和葛传椝 (Hertz C. K. Kê) 的推测，当时译者很可能是有翻译能力，但习练太极能力较弱的译者；索菲（Sophie）译本里提到译者是 Wang Hubert and Sally Cheng，可以判断是华人，但太极拳译入美国早期，大家对其还不甚了解，所以有些内容译者也无法做全面阐述，遂用删减法；中期主力都是具有良好语言功底，又具有太极习练专业知识的专业人士。由于对专业领域知识的掌握，译者接受过的训练、内化的思想都倾向于把完整的文本内容传达给学者，再加上他们的目的是向美国传拳，帮助习练者学习理解是其要义，所以翻译时更向目标语靠近。后期，路易斯·斯威姆（Louis Swaim）的翻译与其他译者有很大差异。并不像其他译者对翻译问题不重视，相反译者在前言阐述翻译问题及所选择的翻译策略，如，"我在翻译典籍文献时，努力避免把自己的任何先入为主的观念强加于文本，尽可能接近原文，不添加原文中不支持的词句，也不遗漏译文中需要支持的内容"[10]。为了实现该目标，他在翻译时还有另一特征就是添加注释及脚注。译者的翻译选择跟译者惯习有很大关系，路易斯·斯威姆在加州伯克利大学获得了中国历史和文言文硕士学位，还辅修了中国语言研究的校内课程。严谨的学风使译者倾向选择脚注及注释，尽量保持原文本风貌。

3 结论

太极拳典籍是中华典籍英译研究的一部分，其英译不应该仅仅关注"如何翻""怎么翻"等语言转换问题。通过对其典籍英译的历史钩沉发现，翻译受赞助人、意识形态、翻译规范等因素的影响与制约。本文从当时所处社会语境中，阐释文化、社会对翻译规范的影响，文化方面中意识形态、权力；社会方面中象征资本积累、译者惯习都对规范嬗变产生作用。对《太极拳论》的研究分析可以丰富中华典籍文献翻译研究，对文本所处时代翻译规范的共时与历时研究可以为文化作品外译提供借鉴。

参考文献

[1] 秦琴.太极拳术语翻译研究[J].河南理工大学学报（社会科学版），2020(5): 67-72.

[2] 舒伟.杨式太极拳的翻译[J].中国科技翻译, 2001(4): 5-9.

[3] 秦琴. 中华典籍《太极拳论》英译法研究[J].中国科技翻译, 2021(1).

[4] Schäffner C&Holmes H.K. Cultural Functions of Translation[M].Clevedon: Multilingual matters,1995:1.

[5] Wolf, M. Introduction: The Emergence of a Sociology of Translation[A]. In M. Wolf & A. Fukari (Eds.), Constructing a Sociology of Translation[C].Amsterdam and Philadelphia: John Benjamins Publishing. 2007:4,7.

[6] Toury G. Descriptive Translation Studies and Beyond[M]. 上海：上海外语教育出版社,1995:15,57,39.

[7] Munday J. Introducing Translation Studies: Theories and Applications[M]. London and New York,2001:75

[8] Delza S. Tai Chi Chuan: Body and Mind in Harmony[M].Albany:State University of New York Press,1961: 45.

[9] Yanlin Chen.T'ai-Chi Ch'uan:It's Effects and Practical Applications[M]. Shanghai: Kelly and Walsh.1947.

T.T. Liang. T'ai Chi Ch'üan for Health and Self-Defense: Philosophy and Practice[M]. New York: Vintage Books,1977.

[11] 沈寿. 清代王宗岳《太极拳论》今译与研究[J]. 北京体育大学学报, 1981(01): 36-42.

[12] Waysun liao. Tai Chi Classics[M].Boston:Shambhala.1990.

[13] 郭振兴. 杨式太极拳英汉双语基础教程[M]. 北京理工大学出版社. 2015.

[14] Swaim L. Mastering Yang Style Taijiquan[M].Berkeley: North Atlantic, 1999: 180.

[15] Venuti L.The Scandals of Translation: Towards an Ethics of Difference[M]. London and New York: Routledge, 1998:1.

[16] 小畑熏良,讨论译诗——答闻一多先生[A].朱志瑜,张旭,黄立波.中国传统译论文献汇编(第三卷）[C]. 2020: 1743.

[17] Hermans T.Translation in Systems: Descriptive and System-oriented Approaches Explained[M].St. Jerome Publishing, 1996: 42,24.

[18] Lefevere A.Translation, Rewriting, and the Manipulation of Literary Fame[M].London:Routledge,1992:48.

[19] 方华文.20 世纪中国翻译史[M].西北大学出版社, 1998: 435.

[20] Peter F. Translation and Power Play[J]. Target (1), 1995: 178 .

[21] Schäffner C. Translation and Norms[M].Clevedon: Multilingual Matters, 1999: 43,28.

[22] 谢天振.译介学[M].上海:上海外语教育出版社, 1999: 155.

[23] Inghilleria M. The Sociology of Bourdieu and the Construction of the'Object' in Translation and Interpreting Studies[J].The Translator, 11(2), 2005: 135.

[24] Bourdieu P.The Field of Cultural Production: Essays on Art and Literature[M]. Cambridge: Polity Press, 1993: 6.

[25] Bourdieu P.The Forms of Capital[A].In A.H. Halsey et al(Eds.). Education: Culture, Economy, and Society[C]. Oxford&New York: Oxford University Press, 1997: 46-58.

[26] Chesterman A. Memes of Translation: The Spread of Ideas in Translation Theory[M]. Amsterdam: John Benjamins,1997: 65.

[27] 王悦晨.从社会学角度看翻译现象:布迪厄社会学理论关键词解读[A]. 朱志瑜,徐敏慧.当代翻译研究论集[C].成都:四川人民出版社.2015: 178.

体育译介与跨文化传播
Translation and Cross-cultural Communication of Sports

An Analysis of the Causes of Normative Transmutation of *Taijiquan Treatise*

Abstract

Taijiquan Treatise is a part of the translation of Chinese classics. By combing its translation history, it can be found that the translation trajectory moves from the target language to the source language, and the reason for the change is caused by translation norms. Norms are characterized by prescriptiveness and descriptiveness. The prescriptiveness is to provide models and guidelines for correct behaviors, while descriptive explanations explain the reasons for certain forms and characteristics of translation. The choices made by translators are constantly changing. As norms play an important role in the development of translation culture and society, their transmutation can be explained from cultural and social reasons. Cultural aspects include sponsor, ideology and power relationship while social aspects include capital accumulation and translator habitus.

Key words: Taiji translation; classics translation; *Taijiquan Treatise*; translation norms; habitus

运动解剖学中"股后肌群"英译名混乱现象的思考

袁田阔[1]，何　静[2]，丁淼鑫[1]，贾梦珍[3]，董俊玺[1]

1,2 南阳师范学院体育学院，河南南阳，473061

3 南阳师范学院生命科学与农业工程学院，河南南阳，473061

摘　要：运动解剖学是体育学和医学的交叉学科，涉及大量的名词、概念及专业术语，当前"股后肌群"英译名较为混乱，存在同词异议、用法和语法错误等问题，这既不利于全民健身文化的国际交流，也不利于健康中国建设。为解决此问题，通过"股后肌群"的归纳英译混乱现象，在"事实如何"和"应当如何"中找规律性，提出建议规范其译名为 hamstring，以期更好地服务体育教学和体育实践。

关键词：股后肌群；英译名；术语规范

运动解剖学是高校体育专业必修课中的主干课程，也是重要的基础课程和先导课程，为学生在运动实践中提供理论依据和训练方法，也为学好其他课程奠定基础。其作为横跨体育学和医学的交叉学科，涉及大量的名词、概念及专业术语，在"健康共同体"和"体医融合"的背景下为适应跨学科、跨文化的体育交往和学术交流，规范术语译名刻不容缓。纵观目前国内出版的运动解剖学期刊和教材，术语不规范、译名不统一甚至错误现象广泛存在，在增加学习难度的同时，也易将学习者引入误区。本文以运动解剖学"股后肌群"的翻译为例，在"事实如何"和"应当如何"中找规律性[1]，规范术语翻译，以期更好地服务体育教学和体育实践。

1 研究缘起

1.1 股后肌群的解剖特点及其重要性

大腿肌位于股骨周围，可分为前群、后群和内侧群。后群由股二头肌 biceps femoris、半腱肌 semitendinosus、半膜肌 semimembranosus 组成（图 1）。

* 基金项目：南阳师范学院课程思政教研项目"立德树人视域下体育课程思政的教学设计研究"；南阳师范学院实验室开放项目"肌肉功能与健身方法"。

[1] 第一作者简介：袁田阔(1999-)，河南社旗人，南阳师范学院体育学院研究生，E-mail：tyxhej@sina.com。

[2] 通讯作者简介：何静(1980-)，女，河南新野人，讲师，研究方向：体育与健康促进、体育课程思政。

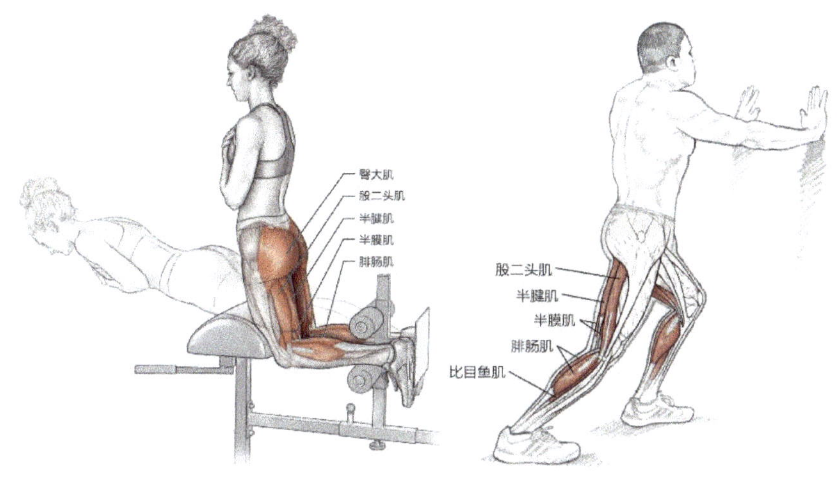

图 1　运动中的股后肌群

股二头肌 biceps femoris 由长短两个头，分别起于坐骨结节（长头）和股骨粗隆线（短头），二头合腱止于腓骨小头；半腱肌 semitendinosus、半膜肌 semimembranosus 也起于坐骨结节，分别止于胫骨上端内侧面和胫骨内侧髁后面，三肌共同的作用是伸髋、屈膝。当屈膝时，股二头肌能使小腿轻度外旋，半腱肌和半膜肌能使小腿轻度内旋。

表 1　股后肌群的解剖学特点

肌群	肌名	起点	止点	主要作用	神经支配
后群	股二头肌	长头：坐骨结节 短头：股骨粗线	腓骨头	伸髋、屈膝并微旋外	坐骨神经
	半腱肌	坐骨结节	胫骨上端内侧面	伸髋、屈膝并微旋内	
	半膜肌		胫骨内侧髁后面		

股后肌群具有解剖学弱点，这表现在其功能除了伸髋、屈膝外，与股四头肌属于拮抗关系，两者关系密不可分。股后肌群作为多关节肌，与其它多关节肌一样，表现为多关节肌"主动不足"与"被动不足"，具体表现为屈髋伸膝时，股后肌群用力屈膝后，会造成伸髋无力。如果股后肌群处于薄弱状态，大腿先后肌肉力量发展不均衡，也很容易引起膝关节的损伤。因此可以说股后肌群的短板决定了股四头肌的瓶颈。

1.2 股后肌群术语及译名规范必要性

为何要对"股后肌群"这一术语进行探讨？首先在竞技训练领域中，股后肌群损伤作为体育运动中最为常见的损伤之一，常见于田径、足球、橄榄球等涉及疾跑、跳、踢等动作的项目，具有很高的损伤率、复发率及严重的后果。股后肌群损伤中拉伤最为常见，主要由于肌肉被动拉长而导致的部分或完全拉伤，严重的可造成肌肉撕裂。虽然相关研究较多，但拉伤的高损伤率和复发率在近几十年里一直没有下降，甚至在增长[2-4]，从而导致运动员缺席比赛训练和巨大的经济损失等严重的后果[5-6]。

在国际奥林匹克运动的推动下，竞技体育的国际规模日益扩大，在竞技体育国际化的过

程中，我们正在寻求由"体育大国"转向"体育相关"。竞技运动成绩的提高，体育的国际化还在于国际体育学术交流日益加强，国际体育学术活动日趋频繁：交叉学科如运动解剖学也肩负运动强国的使命，不仅需要语言层面的规范和准确，译名更应关注体育文化交流问题。

其次在全民健身与全面健康领域，"健康中国 2035"和"体医融合"的提出兼顾全民健身和全面健康。2021 年《中华人民共和国国民经济和社会发展第十四个五年规划和 2035 年远景目标纲要》和《全民健身计划（2021－2025 年）》为群众健身和健康做出部署，提出"体育跟医疗融合，比如一些有氧能力、心肺能力、肌肉关节的运动能力等等，来达到一个健康的状态"。合理的运动使肌肉力量、关节的灵活度保持良好的状态，下降的肌肉关节功能也能通过一定、适度的运动进行康复。在充分发挥健身在健康促进和康复等方面的特色作用时，肌肉解剖学术语翻译应做到概念准确、通俗易懂、符合国家和国际术语规范。

2 事实如何？

然而，在运动解剖学的教学中，关于"股后肌群"术语及其译名的有趣的现象出现了：即便是相关示范教材、核心期刊论文、硕博论文中，英译出来的"股后肌群"却是多种多样，不尽相同，甚至同一篇论文的题目、关键词、摘要中的"股后肌群"术语与译名也各异。这不仅造成教学时的麻烦和误解，也造成教师和学生在训练时阅读文件资料的障碍。作为运动解剖学教师，笔者也深感困惑。笔者查阅对比了教材、核心期刊论文、硕博论文发现，除却对"股后肌群"与同义语"腘绳肌"混乱使用之外之外，译名也呈现多样化，主要集中表现在选用 hamstring，hamstring muscle, Hamstring Muscles，the hamstring muscle，the posterior femoral muscle group，back side muscle，after the normal muscle group 等翻译"股后肌群"一词。

2.1 运动解剖学教材中"股后肌群"的英译

2.1.1 体育院系版本《运动解剖学》中的"股后肌群"译名

人民体育出版社出版的体育院校通用教材《运动解剖学》（徐国栋，袁琼嘉 2005） 141 页中对于股后肌群的定义是"股二头肌、半腱肌、半膜肌合称股后肌群（常称腘绳肌，又称骨三弦肌）"。其中股二头肌、半腱肌、半膜肌有相应的英文 biceps femoris，semitendinosus，semimembranosus，而股后肌群没有给出英文译名。运动解剖学学习中另外一个重要根据是解剖图谱，查阅人民体育出版社《运动解剖学图谱（修订版）》（顾明德，缪进昌 2005）210 页显示大腿后肌群是"股二头肌、半腱肌、半膜肌"，合称腘绳肌。在本书中运动系统英汉解剖学常用名词英文索引中对"腘绳肌"的译名为 hamstring muscle。

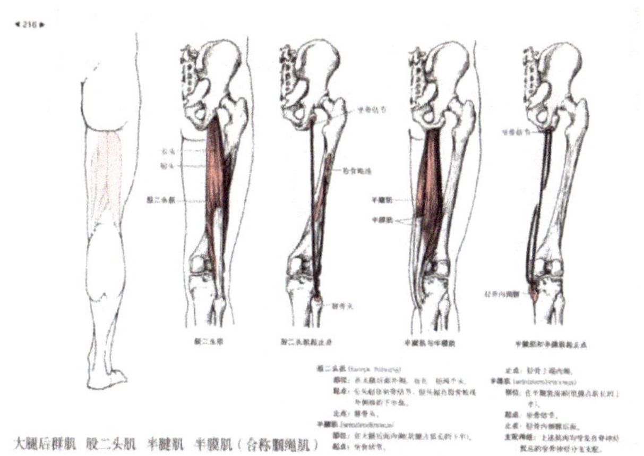

大腿后群肌 股二头肌 半腱肌 半膜肌（合称腘绳肌）

　　高等教育出版社"十二五"普通高等教育本科国家级规划教材《运动解剖学》（李世昌 2015）中只有股后肌群的定义"股二头肌、半腱肌、半膜肌合称股后肌群"，在附录里面给出了腘绳肌的英译名，无前后照应，对学生掌握"股后肌群"的英译名不利。

　　综上，体育院系《运动解剖学》教材中并未有"股后肌群"的对应译名，只有同义词"腘绳肌"的译名 hamstring muscle。

2.1.2 医学院系版本《人体解剖学》中的"股后肌群"译名

　　为了确定"股后肌群"的英文译名，求助于医学院系的《人体解剖学》教材。人民卫生出版社出版的《人体解剖学》（张朝佑 2009），同样的在教材中对于股后肌群并没有给出英译名，只有股二头肌、半腱肌、半膜肌的英译名。同样借助人民卫生出版社的解剖图谱《人体解剖学标本彩色图谱》（胡耀明 2007）和《人体解剖彩色图谱》（郭光文，王序 2008）中股后肌群图谱发现只有股二头肌 biceps femoris，半腱肌 semitendinosus，半膜肌 semimembranosus 有统一的英译名，对于"股后肌群"分别给出了股部级（后面观）muscle of the thight.posterior aspect 和大腿后面的肌肉 muscles of posterior of the thight 两种意译，对于这种译法是否合理，笔者按照医学名词术语使用规范（2002 版）基本持否定态度，但是介于交叉学科的特点，对于其合理性将在论文第三部分探讨。

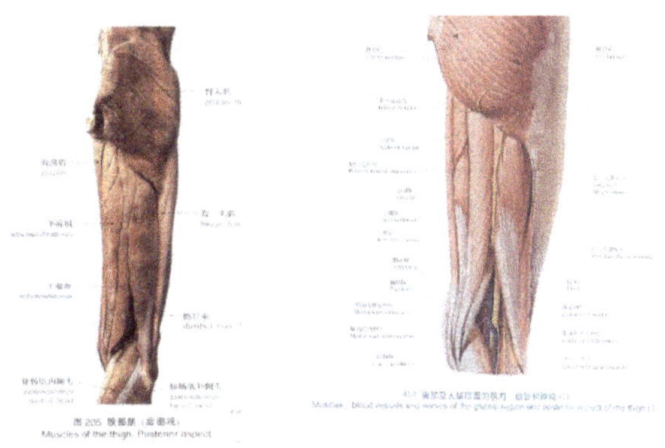

2.2 期刊论文中"股后肌群"的英译

　　在教材中为能找到"股后肌群"统一的英译名，进而笔者把目光转向期刊。在中国知网

中以"股后肌群"为主题检索得到论文 155 篇，其中硕士论文 21 篇，博士论文 2 篇；以"股后肌群"为篇名检索得到论文 52 篇，其中硕士论文 17 篇，博士论文 2 篇。仔细研读筛选核心期刊和硕博论文进行英文题目、英文摘要、英文关键词中"股后肌群"进行归纳，发现在这些"股后肌群"英译名中存在同词异译、用法错误、语法错误等方面的问题。

2.2.1 "股后肌群"英译名的同词异译

术语分为多义术语和单义术语，理想的术语是单义术语。在学术翻译中，存在"单义趋势化"。"股后肌群"为单义术语，是大腿后群的股二头肌、半腱肌、半膜肌的合称。国内"股后肌群"的"同词同义异译"有两大类译法：

（1）hamstring 体系，具体有 hamstring，hamstrings，ham-string，hamstring muscle,Hamstring Muscles，the hamstring muscle。以两篇博士论文为例，同一个名词"股后肌群"万祥林（2017）[7]题目中为 hamstring，摘要中出现了 hamstring muscle 和 hamstring muscles；魏书涛（2011）[8]题目中为 hamstring，摘要中为 the hamstring muscle。屈悦（2019）[9]硕士论文题目为 hamstring muscle，关键词为 hamstring muscles；徐圆梦（2021）[10]硕士论文题目为 hamstring，摘要中译为 the posterior thigh muscle；吴梦（2018）[11]硕士论文题目为 hamstring，关键词译为 hamstring muscles，此类术语前后不一致，行文不统一的混乱现象俯拾皆是。

（2）Posterior、femoral 体系。王欢（2021）[12]硕士论文题目为 Posterior Femoris Muscle Group，摘要中译为 the femoral posterior muscle group；张玮天（2019）[13]硕士论文摘要为 the posterior femoral muscle group，关键词为 hamstring；陈蒙（2016）[14]（截止本文撰写时下载量最高）的硕士论文关键词为 after the femoral muscle group。此类译法五花八门，不便回译有"硬翻"之嫌。

2.2.2 用法错误及语法错误

不符合英语的表达习惯属于用法错误，冠词、单复数、首字母大写等属于语法错误。具体表现为：

（1）"股后肌群"的英译中，hamstring 对应汉语中的股后肌群（腘绳肌），是股二头肌、半腱肌、半膜肌的总称的专有名词，不需要复数形式 hamstrings，Hamstring Muscles 等，也无需加冠词 the。此外 hamstring 已经是肌肉的意思，hamstring muscle 中 muscle 纯属多余并导致语法错误。

（2）femoral 在英文中为"股骨的，大腿骨的"意思，posterior 为"在后面的；在后部的"，按"硬翻"的错误译法就是"股骨后面的肌肉群"，与所属的上位概念"大腿肌肉 thigh"是不一致的，导致用法错误。after the femoral muscle group，back side muscles in the thigh 等介词的用法也是不符合英语语法和用法的。

3 应当如何？

随着竞技体育的国际化和健康中国、体医融合的理念不断深入人心，我国不论是竞技体育还是全民健身的人口数量正在逐年增高。调查显示，经常参加各种体育运动的人群损伤风险较高，达到非活跃人群的 1.5-2.0 倍，而这其中最常见的便是肌肉骨骼的运动损伤。按照翻译理论家的理论："翻译不仅是一种简单的两种语言之间的转换行为，而且是译入语社会中的一种独特的政治行为、文化行为、文学行为，而译本则是译者在译入语社会中的诸多因素作用下的结果，在译入语社会的政治生活、文化生活，乃至日常生活中扮演着有时是举足轻重的角色"[15]。 股后肌群英译的过程中，是什么导致被翻译者的翻译结果？ hamstring，hamstring muscle,Hamstring Muscles，the hamstring muscle，the posterior femoral muscle group，back side muscle，after the mormal muscle group 的差别在哪里？ 是一词多义还是翻译者对于"股后肌群"认知出现偏差？ 是否可以统一的术语和译名呢？笔者拟从翻译伦理学视角出发，探寻"股后肌群"译名乱想背后的根源，并提出规范建议。

3.1 溯源："股后肌群"还是"腘绳肌"？

股后肌群为什么也称为腘绳肌？这两个看似无关的解剖学词语为什么能表示同义呢？腘是中医基础术语，表示人体部位："膝痛，痛及拇指治其腘"（《素问·骨空论》）；腘又称腿凹，"膝后屈处，俗名腿凹也"（《刺灸心法要诀》）；足太阳膀胱经"入腘中"，即当委中穴所在；足少阴肾经"出腘内廉"，即当阴谷穴所在；足厥阴肝经"上腘内廉"，当曲泉穴所在（《灵枢·经脉》）。可见"腘"在中国传统医学中具体位置指膝关节后方屈膝时的凹处，俗称腿凹或膝弯。日耳曼语中 ham 本义是"腘窝"，词义扩展为"弯曲的"。大腿肌的后群有半腱肌、半膜肌和股二头肌，在腘窝的两侧可触及这 3 块肌呈细绳（string）的肌腱，因此这 3 块肌合称为腘绳肌 hamstring。

西方现代解剖学传入我国时，对重要脏器（如心、肺等），我们选用了中国医学理论和传统典籍如中医的"解剖学"著作《黄帝内经》对应的词语进行直译。而对于西方医学中新的概念术语很多无法总结概括，传统中医医学也没有相近的概念术语，翻译中采取了音译、义译等方法。此外西方医学传入中国时，一些新概念基本来自于日本医学家的翻译，比如"股后肌群"来源于日语"股後筋群"，一看就知道这个结构的形态和作用之类的，包含了很多信息，便于学习记忆。

综上所述，"股后肌群"是为了使用方便而在汉译过程中创造的一种实用性译法，有助于教学，但是这也造成了回译中的一些问题，使"股后肌群"的英译名出现 hamstring 体系和 posterior、femoral 体系。这也解释了在关于"股后肌群"的英文文献中全是 hamstring（腘绳肌）的英文表达。

3.2 建议：规范统一的英译名 hamstring

任何学科都存在术语规范和统一的问题，体育学也不例外。术语的统一和规范有利于信息的交流，知识的传播，有利于文献的储存、检索和资源的共享，术语的统一和规范代表着一个国家科学技术的发展水平。当前运动解剖学术语的使用混乱现象虽然有各样的原因，但是这种现象缺失影响了学术信息的交流效果。因此，必须在各类教材、期刊论文、书籍中规范统一"股后肌群"的英译名，消除译法错误和用法错误。

在对"股后肌群"的历史溯源后，我们首先要对于教材中"股后肌群"和"腘绳肌"两个汉语术语进行规范的描述，然后再进行英译名的统一。结合当前健康中国和体育融合的理念应该在教材中显现，建议人民体育出版《运动解剖学》教材中的内容有原来的"股二头肌、

半腱肌、半膜肌合称股后肌群（常称腘绳肌，又称骨三弦肌）"更改为"股二头肌、半腱肌、半膜肌合称腘绳肌（因其位置，也称为股后肌群）"，高等教育出版社的规划教材《运动解剖学》补充"股二头肌、半腱肌、半膜肌合称腘绳肌（因其位置，也称为股后肌群）"这一内容。

腘绳肌的英译名应为 hamstring，hamstrings，ham-string，hamstring muscle, Hamstring Muscles，the hamstring muscle 中的哪个呢？首先 hamstring 表示的是股二头肌、半腱肌、半膜肌三块肌肉群，本身就是含有复数的意义，不应该添加 s。其次，按照英语惯习，hamstring 作为专有名词不需要加冠词 the。再次，hamstring 已经有肌肉的意思，可参照三角肌 deltiod、髂腰肌 iliopsoas 的译法，无需添加 muscle（肌肉）。

腘绳肌的同义语"股后肌群"是为了使用方便而在汉译过程中创造的一种实用性译法，有助于教学，但是在翻译过程中难以回译，所以建议"股后肌群"的英译名统一为 hamstring。

4 结语

我国政府一贯重视科技名词术语的规范化工作，要求各编辑出版单位出版的有关书刊、文献、资料都应该力求术语的规范统一。体育学术语及其英译名的规范统一对开展体育文化交流，为健康中国保驾护航意义重大。"股后肌群"的术语及其英译名的混乱现象客观上有历史原因，主观上也有体育人学术态度的原因。本文的任务在于给出"股后肌群"规范的译名建议，更希望以次因其体育学术界关注学科术语的规范。

参考文献

[1] 王克明. 翻译与伦理学[J]. 外语与外语教学，2009(5) : 45- 48.

[2] ROE M, MURPHY JC, GISSANE C, et al. Hamstring injuries in elite Gaelic football: An 8-year investigation to identify injury rates, time loss patterns and players at increased risk[J]. Br J Sports Med, 2018, 52(15) : 982-988.

[3] EKSTRAND J，WALD?N M, H?GGLUND M. Hamstring injuries have increased by 4% annually in men's professional football，since 2001: A 13-year longitudinal analysis of the UEFA Elite Club injury study [J]. Br J Sports Med, 2016, 50(12): 731-737.

[4] LIU H, GARRETT WE, MOO R MAN CT, et al. Injury rate, mechanism, and risk factors of hamstring strain injuries in sports: A review of the literature [J]. J Sport Health Sci, 2012, 1(2): 92-101.

[5] EKST R AND J, HEALY JC, WALDEN M, et al. Hamstring muscle injuries in professional football: The correlation of MRI findings with return to play [J]. Br J Sports Med, 2012, 46(2): 112-117.

[6] HICKEY J, SHIELD AJ, WILLIAMS MD, et al. The financial cost of hamstring strain injuries in the Australian Foot-ball League [J]. Br J Sports Med, 2014, 48(8): 729-730.

[7] 万祥林. 柔韧和力量素质对疾跑中股后肌群生物力学特征的影响[D].北京体育大学, 2017.

[8] 魏书涛. 短跑过程中下肢动作控制和股后肌群损伤机制的生物力学研究[D].上海体育学院, 2011.

[9] 屈悦.深部温热仪不同放置位置对股后肌群柔韧性影响的对比研究[D].首都体育学院, 2019.

[10] 徐圆梦. 6 周 Nordic 股后肌群训练对跳远专选学生膝关节屈伸肌群肌力的影响[D].山东体育学院, 2021.

[11] 吴梦. 不同坐位体前屈测量法评估股后肌群柔韧性的信效度研究[D].吉林大学, 2018.

[12] 王欢. 股后肌群不同拉伸方式对短跑起跑的生物力学影响[D]. 上海体育学院, 2021.

[13] 张玮天. 股后肌群静态拉伸与弹性拉伸对男子加速跑速度的影响[D].宁波大学, 2019.

[14] 陈蒙. 不同组合拉伸方式对股后肌群柔韧素质影响效应的实验比较研究[D].天津体育学院, 2016.

[15] 马清海.试论科技翻译的标准和科技术语的翻译原则[J].中国翻译，1997(1) : 28 -29.

[16] 万祥林,等. 在体股后肌群最优长度的测算方法[J].医用生物力学,2020, 35(04): 481-488.

[17] 万祥林, 等. 疾跑时股后肌群的生物力学特征——对拉伤危险时相的分析[J].中国体育科技, 2019, 55(02): 70-75.

[18] 沈国威.近代中日词汇交流研究[M]. 中华书局，2010.

Reflections on the Confusion in the English Translation of the Term "股后肌群" in Sports Anatomy

Abstract

Sports Anatomy is an interdisciplinary subject of physical education and medicine, involving a large number of nouns, concepts and professional terms. At present, the English translation of "股后肌群" meet some problems, such as different translations foe one word group with the same meaning, usage mistakes and grammar mistakes. It is necessary to upset the status quo to better international exchange and the construction of "Health China". In order to solve this problem, this paper summarizes the confusion of English translation of "股后肌群", finds regularity in "what is the fact" and "what should be", and puts forward suggestions on standardizing the translation of names, in order to better serve physical education teaching and physical education practice.

Key Words：股后肌群; English translation; standardization of terms

两岸文化认同的渊源与建构

——以"英雄联盟"国服台服翻译为例

王文丹[1]，尚大江 [2]
1 陕西师范大学西北历史环境与经济社会发展研究院，陕西 西安，710100；
2 南京工业大学马克思主义学院，江苏 南京，211800

摘　要： 两岸人民有着紧密联系，两岸文化亦有同源性。在 MOBA 游戏"英雄联盟"中，中国大陆及中国台湾地区服务器对同一英文文本进行了中国化的翻译表达，对这些翻译表达进行分析对比，不难看出，中国台湾地区有着独特的文化价值观，而其独特的文化价值观又深刻的融入在中华民族的价值体系当中，既卓有特色又不可分割。两岸应通过交流协商，塑造文化价值的双边认同。

关键词： 中国台湾地区；文化认同；文化渊源；翻译文本

1 引言

中国台湾地区在近代曾为日本殖民势力所占据，日本政府自教育制度入手，对中国台湾地区进行思想渗透。中国台湾地区沿袭了一些殖民时期遗留的教育体系，使部分台湾青年对社会主义价值观及中国古典文化产生一些误解。但中华文化早已融入中国台湾地区民众生产生活中，在游戏文本翻译中亦是如此。作为一款风靡世界的游戏，中国台湾地区对英雄联盟进行文本翻译时体现着中华文化的深刻影响。关于游戏本地化时"翻译"与"再创作"问题，袁一皓进行了探讨，蔡齐齐、黄焰结对于游戏角色名称及部分台词的本地化进行了研究。张宝蓉基于学校教育的视角对台湾青年文化认同方面进行了阐述。目前少有学者将游戏文本翻译与两岸文化交融结合起来，本文试图从游戏文本翻译入手，探寻两岸文化渊源及文化建构。

2 历史上的两岸青年文化认同

青年人，联合国大会将其定义为十五至二十四岁之间，这一阶段的人身体发育渐趋成熟、自我意识逐步增强，但心理发展尚不成熟，易受媒体、国家领导人、名人言行举止的影响。在形成人生观、价值观、世界观的关键阶段，中国台湾地区青年人始终对于"我们是谁"有着深刻的迷惘与反思。部分青年人对中华文化产生疏离感，在一种迷惘的沉思与纠结中建构着一种混合身份认同。

---

[1] 第一作者简介：王文丹（2000-），男，甘肃庆阳人，硕士研究生在读，研究方向：历史城市地理、中西交流史，E-mail: kejiqingxue@163.com。

这种身份认同源自中国台湾地区领导人数代以来对青年人的教育及引导。1945 年日本投降，台湾光复后，国民政府试图从宗教、文化、民族认同等多个方面重建中国台湾地区民众对祖国的认可，即构建"中国人"身份认同。这一阶段将"注重语文历史教育，以增强民族意识"列为"心理建设"的首要工作[1]，诸多中文报刊恢复出版，民间信仰得到重塑，"国语运动"蓬勃兴起，"语文为维持民族向心力之基本条件，亦为一切政治之基本工具……尽量予台胞以复习祖国语文之机会"[2]，尽管在政策执行上与中国台湾地区民众发生了一些犄牾，此活动仍取得一定成效，国民政府教育部部长朱家骅在《国语日报》创刊号上写道"几乎到处都碰见能说很好的国语的人，这不是临时可以做到的事情"[3]，这样的事例证明中国台湾地区民众虽历经磨难，文化认同与民族认同感上仍与祖国、与中华民族相一致。此后的 1960-1970 年间，仍存在"台湾是中国不可分割领土之一部分"[4]的"中国人"身份认同。1980 年后，台湾方面明确指出"在三民主义、公民与道德、国文、历史、地理、军训等相关学科中，均强调以民族精神教育为中心思想，教育学生成为一个足以表现中华民族道德文化的、堂堂正正的中国人"[5]。1945-1980 年间，台湾方面总体上仍认同自身属于中华民族的一部分，认同"台湾人"就是"中国人"，认同"一个中国"原则。1990 以后，"学校教育开始出现，'我们应该是谁'"的疑问，'我们不是中国人，应该是台湾人'的身份认同新论述在校园里流传"[6]，其后颁布的数个教育总纲更是愈发将中国台湾地区与大陆相区分，刻意制造文化壁垒。

人为塑造的文化壁垒并不能切断两岸之间文化交融的纽带，共通的历史与情感记忆不断强化着台湾青年的文化认同。千百年来始终如一的福建南音"内涵着两岸同根的精神和品质，作为民族认同的标记，不断为两岸的民众光大传承"[7]。共同的宗教信仰更对两岸文化认同产生强烈的辐射作用，两岸隔绝状态被打破前，已"有妈祖信众冲破禁令前来莆田湄洲进香"[8]69。台湾当局放宽探亲政策后，两岸交流更是规模宏大、形式多样。"1989 年 3 月，受中国佛教协会邀请，台湾知名宗教界人士星云法师率领有史以来最大规模的宗教访问团体赴祖国大陆交流访问，受到了广泛的欢迎"[9]45。学术交流、庆典活动、祭祖仪式等活动在两岸间更是如火如荼，"1989 年 2 月，台湾圆光寺教务长惠空法师来院讲座"[9]68。"2017 年 9 月，福建莆田妈祖金身时隔 20 年再次赴台，受到台湾各界的热烈欢迎，台湾民众争相一睹妈祖风采"[9]46，共同的语言及宗教信仰体现出中国台湾地区文化深深根植于中国传统文化之中。在电子竞技的文本译介中，亦有诸多展现两岸文化之同根同源、一脉相承的事例。下文将剖析国服台服对于英雄技能（同一英文文本）的不同翻译，探寻两岸文化的渊源。

3 电子竞技与两岸青年文化认同

电子竞技产业作为近年来蓬勃发展的新生事物，其认可度随着政治，经济，文化水平的发展不断提高。其中的代表作品"英雄联盟"更是以其操作性、团队协作性及观赏性流行于中国及中国台湾地区，"英雄联盟……电竞争霸赛……新北市副市长上台致辞"[10]，IG 战队在 2018 年 11 月举行的英雄联盟总决赛上获得冠军后，人民日报及共青团均发文赞扬。"英雄联盟"打败诸多同类型 MOBA（即 Multiplayer Online Battle Arena，多人线上战术竞技游戏）游戏的关键因素，在于其磅礴盛大的虚拟世界背景架构，亦在于中英文化底蕴兼备的翻译团

队以巧妙的手法衔接中英文文本，使不同地区、宗教和文化背景下的民众能感受到游戏和中华文化的魅力。这个过程中，中国及中国台湾地区的翻译团队均做出了卓越的贡献。从两者对同一英文文本的翻译中可以窥视出，两岸文化同根同源，两者最贴切、最融洽。

截止目前，英雄联盟中共存在 163 名英雄，每位英雄都有自己独特的英雄称号、英雄台词、英雄技能及背景故事（英雄联盟团队虚构出一片"符文大陆"，每位英雄都有一段精彩的英雄历程）。以英雄技能为切入点，剖析中译团队高超的英文文本阅读识别能力、对中国古典文化的熟稔并探究两岸之间共同的文化基础。译者并非简单的将原文本进行转换，译者之所以胜于机械文本翻译，在于其能巧妙地"从原作所提供的多源信息中进行选择性的翻译"[11]。拥有不同文化背景及文化水平的译者，需要根据其所处的区域，以自身知识水平结合区域独特文化背景来译制文本，既要做到忠实于源文本，又要"让这些故事能够让不同文化背景的玩家产生共鸣"[12]。对于一款游戏来说，译者的水平高低很大程度上决定着游戏在传播过程中能否获得认可，决定游戏的生命力。

在英雄称号的翻译中，"直译、意译、音义结合与回译的方法使用次数较少，四种方法出现频率总和不足三分之一。而大多数称号的翻译以译创方法进行"[13]。所谓译创，即在忠实于源文本的基础上，结合区域文化背景，对翻译成果进行再打造，使区域性玩家产生认可与共鸣。结合中国及中国台湾地区对于英雄技能的翻译来看，中国台湾地区的文化无疑是中华文化的一部分，并由中华文化所孕育。

3.1 国服翻译与古典文化

表 1：国服台服英雄技能翻译对比 1

Table 1：The comparison of hero skills between Chinese Mainland and Taiwan Region 1

英雄名称	被动技能	Q	W	E	R
The enlighten one	Gathering Fire	Inner Flame	Focused Resolve	Inspire	Mantra
天启者	聚能之炎	心灵烈焰	坚定不移	鼓舞	梵咒
魂之启者	炎灵融合	轮回怒火	特化链结	灵能启示	真言符印
The Deceiver	Mirror Image	Sigil of Malice	Distortion	Ethereal Chains	Mimic
诡术妖姬	镜花水月	恶意魔印	魔影迷踪	幻影锁链	故技重施
诈欺师	镜像	恶意印记	移行瞬影	幻影锁链	模仿
The Virtuoso	Whisper	Dancing Grenade	Deadly Flourish	Captive Audience	Curtain Call
戏命师	低语	曼舞手雷	致命华彩	万众倾倒	完美谢幕
炫技大師	低语	狂舞手雷	致命伏笔	魔幻时刻	华丽谢幕

附注：本文所列之三个表格，除第一行外，每三行为一组。自上而下分别为英文原版、国服翻译、台服翻译，台服翻译已转化为简体。英文数据来源于 https://leagueoflegends.fandom.com/wiki/League_of_Legends_Wiki

Mirror Image，台服采取直译方法，将其英文文本原意"镜像"作为"诡术妖姬"的技能

名称，而国服译者或吸取借鉴古碑铭中的"空门正辟，法宇方开……水月镜像，无心去来"[14]一句，将其译为"镜花水月"，"镜中花，水中月"符合"诡术妖姬"被动技能中的"假分身"效果，为其增添了虚幻缥缈的灵动感。

Focused Resolve，英文直译为坚定信念，台服译者结合了此技能在游戏中"禁锢"（即使得某位玩家操纵的角色不能移动）的效果将其译为"特化链结"，"链结"虽对应了"天启者"使用此技能时向对方玩家伸出的"锁链"，但总体上美感稍有不足。国服译者在翻译此英文文本时，或借鉴了古典史书巨著《资治通鉴》中的"推心委任；坚定不移；则天下何忧不理哉"[15]，将 Focused Resolve 译为"坚定不移"。贴合"天启者"在其背景故事中"坚定不移"守卫艾欧尼亚的决心，又巧妙对应此技能的"禁锢"（无法移动）效果。

除去借用、化用中国古典名著外，国服译者对于关键字词的选摘亦有可圈可点之处。Dancing Grenade，英文直译为跳跃的手榴弹。台服译者结合"戏命师"背景故事（在背景故事中其为疯狂的艺术家）将其译为"狂舞手雷"，"狂"字凸显了"戏命师"对艺术的痴狂追求，本为尚佳的翻译。而国服译者将其译为"曼舞手雷"，"曼"，曼丽与柔美。一个"曼"字以一种"犹抱琵琶半遮面"[16]198的感觉对应了"戏命师"从未摘下的面具，亦凸出了一个真正痴狂的天才艺术家也许会"白日放歌须纵酒,青春作伴好还乡"[16]57，狂歌纵酒时而有之，但绝不会将"狂"不加遮蔽的显露于外。国服的翻译精准地传达了"戏命师"的性格特点和背景故事，为游戏中的玩家营造了更深刻的角色体验。总体来看，国服与台服翻译中均借鉴、引用并与中华古典文化相结合，但在上述文本的译作中，国服翻译略胜一筹。

3.2 台服翻译中的古典文化及地区特色

表 2：国服台服英雄技能翻译对比 2

Table 2：The comparison of hero skills between Chinese Mainland and Taiwan Region 2

英雄名称	被动技能	Q	W	E	R
WU Kong	Stone Skin	Crushing Blow	Warrior Trickster	Nimbus Strike	Cyclone
齐天大圣	金刚不坏	粉碎打击	真假猴王	腾云突击	大闹天宫
齐天大圣	仙山石猴	定海神兵	分身术	筋斗突击	无极风暴
The Example of Demacia	Martial Cadence	Dragon Strike	Golden Aegis	Demacian Standard	Cataclysm
德玛西亚皇子	战争律动	巨龙撞击	黄金圣盾	德邦军旗	天崩地裂
蒂玛西亚楷模	战争律动	灭龙一击	光盾庇护	帝国战旗	浩劫降临
The Outlaw	New Destiny	End of the line	Smoke screen	Quick Draw	Collateral Damage
法外狂徒	新命运	穷途末路	烟幕弹	快速拔枪	终极爆弹
亡命之徒	命运	人在江湖	只手遮天	猛龙过江	龙争虎斗
Agony's Embrace	Demon Shade	Hate Spike	Allure	Whiplash	Last Caress
痛苦之拥	恶魔魅影	憎恨之刺	引诱	鞭笞	最终抚慰

临终拥抱	魔魅之影	憎恨尖刺	咒欲迷尘	夺魂鞭锁	残戮收割
The Rebel	Clean Cuts	Double daggers	Deadly Plumage	Bladecaller	Featherstorm
逆羽	锐切	双刃	致死羽衣	倒钩	暴风羽刃
逆羽	一剪两断	赤落连匕	夺命疾翼	漫天血刃	骤羽暴风

　　Stone Skin，英文直译为石化皮肤，国服译者或将其与少林派七十二绝技之一的"金刚不坏体神功"相较，将文本翻译为"金刚不坏"。"金刚不坏"对应了游戏中"齐天大圣"的被动技能，即可以根据等级获得护甲（护甲可以减少敌人造成的物理伤害），展示被动技能中的另一个效果"回复最大生命值"时则有所欠缺。台服译者或结合了中华四大名著中《西游记》"花果山水帘洞石猴"的故事，"有一座花果山，山上有一仙石，石产一卵，见风化为石猴"[17]3，将 Stone Skin 译为"仙山石猴"，此译不仅反映出"齐天大圣"被动技能中的根据等级获得护甲的效果，更蕴含了"石头孕育的，有灵性有生命力"的石猴可以"回复最大生命值"的意味，将中华文化与英雄技能完美结合。Crushing Blow，英文直译为毁灭性打击，国服将其译为"粉碎打击"，体现出打击的力度与强度。台服译者或结合《西游记》中东海龙宫的"定海神珍""如意金箍棒"，"这宝贝镇于海藏中，也不知几千百年，可可的今岁放光"[17]28，将其译为"定海神兵"，此翻译结合了古典文化，但略失其打击感与灵动感，如能使其翻译文本结合"定海神珍"与"动态打击感"，当为上佳翻译。

　　Warrior Trickster 译为"真假猴王"，结合原著来看并不贴切。"众妖精一齐赶来，被行者拔一把毫毛，嚼啐喷将去，叫声'变！'，即变作百十个小行者，围围绕绕"[17]877。游戏中大圣 W 召唤出的分身持续时间较短且智能较低，更像是一把毫毛变成的"百十个小行者"。作为"假猴王"的"六耳猕猴"拥有较强实力，可以与"真猴王"斗个不相上下，二猴两人一边争斗一边寻求各路神仙辨真假，直至闹到如来佛祖身边才得以辨别。此处应是台服翻译较为准确。Nimbus Strike，英文直译为"云朵打击"，国服台服分别将其译为"腾云突击""筋斗突击"，在这两个翻译文本对比中，"筋斗云"作为"齐天大圣"的法宝之一，知名度及认可度更高，"这一夜，悟空即运神炼法，会了筋斗云"[17]18，台服翻译"筋斗突击"略胜一筹。

　　Cyclone，英文直译为龙卷风，在游戏中的效果是增加自身移动速度并击飞（一种控制技能，使敌人无法释放普通攻击及绝大部分技能）。在这里国服译者结合了《西游记》中美猴王经典桥段：大闹天宫，将天庭搅了个天翻地覆，结合此技能在游戏中旋转起金箍棒，击飞数个敌人的场景，"大闹天宫"可谓淋漓尽致的创译了 Cyclone。台服译者却将其译为"无极风暴"，或因英雄联盟世界中"齐天大圣"是另一英雄"无极剑圣"的徒弟，因此台服译者将其终极技能（即 R 技能，因冷却时间较长且威力较大称为终极技能）译为"无极风暴"，此处与其背景故事结合，似有些勉强，但瑕不掩瑜，在"齐天大圣"英雄技能名称翻译中，台服翻译总体更加精确完备，凸显了中华文化的特色。

　　对"法外狂徒"英雄技能的翻译，深刻的体现了港澳台的一些文化共性。End of the line、Smoke Screen、Quick draw、Collateral Damage，这四个英文文本分别被台服译者译为"人在江湖""只手遮天""猛龙过江""龙争虎斗"，与《古惑仔》系列电影中四部片名相合。

"人在江湖"贴合了"法外狂徒"背景故事中居无定所、四处流散的生活；"只手遮天"完美对应了游戏中释放此技能时使对手失去视野（屏幕上失去敌我图标指示）的效果；"猛龙过江"与游戏中"法外狂徒"释放技能时进行一段位移（在游戏中指可以穿过墙体或在河道中穿梭）暗合。与此对比之下，国服翻译中的"烟幕弹""快速拔枪"为较为平淡的英文直译。

3.3 台服翻译与中国传统文化

表 3：国服台服英雄技能翻译对比 3

Table 3：The comparison of hero skills between Chinese Mainland and Taiwan Region 3

英雄名称	被动技能	Q	W	E	R
The Prodigal Explorer	Rising spell Force	Mystic Shot	Essence Flux	Arcane Shift	Trueshot Barrage
探险家	咒能高涨	秘术射击	精华跃动	奥术跃迁	精准弹幕
探险家	咒能高涨	秘术射击	精华跃动	奥术跃迁	精准弹幕
The Cryophoenix	Rebirth	Flash Frost	crystallize	Frostbite	Glacial Storm
冰晶凤凰	寒霜涅槃	寒冰闪耀	寒冰屏障	霜寒刺骨	冰川风暴
冰晶凤凰	寒霜涅槃	寒冰闪耀	寒冰屏障	霜寒刺骨	冰川风暴
The Bashful Bloom	Dream-laden Bough	Blooming Blows	Watch out! Eep!	Swirlseed	Lilting Lullaby
含羞蓓蕾	梦满枝	飞花挞	惊惶木	流涡种	夜阑谣
羞赧绽华	梦沉枝桠	盛绽之舞	拽柯之击	飞旋种籽	柔沉梦谣
The Boss	Pit Grit	Knuckle Down	Haymaker	Facebreaker	The Show Stopper
腕豪	沙场豪情	屈人之威	蓄意轰拳	强手裂颅	叹为观止
兽血拳皇	恒毅之拳	慑人猛拳	兽魂轰拳	碎颅猛击	叹为观止
The Starry-eyed Songstress	Stage Presence	High Note	Surround Sound	Beat Drop	Encore
星籁歌姬	星光漫射	清籁穿云	聚合心声	增幅节拍	炫音返场
灿眸歌姬	耀眼星光	乐音高亢	绕樑歌声	迷人节奏	要不要来首安可曲

在这一部分的翻译对比中，国服与台服均有出彩之处，在差异中体现着融合，在不同处体现着大同。英文文本 Surround Sound，直译为环绕立体声。假若台服译者采取直译的方式展现文本，会显得平淡无奇。在这里，台服译者或为巧妙借助中华古典名著《列子·汤问》篇中绝世歌女韩娥"昔韩娥东之齐，匮粮，过雍门，鬻歌假食，既去而余音绕梁，三日不绝"[18]的典故，将 Surround Sound 译为绕樑歌声，既显示出英文文本中 Surround 环绕的本义，又

加入中华古典元素，使玩家更深刻的理解"灿眸歌姬"嘹亮的歌喉。

国服台服对于"冰晶凤凰"与"探险家"的英雄名称及技能翻译完全相同，体现出两岸文化的交融与共通。在"含羞蓓蕾"的技能翻译中，体现着共同的中华文化背景下不同的巧思。国服译者对于"含羞蓓蕾"的五个技能均采用三字词翻译方式，译者认为三个字的翻译会有一种特殊的节奏感。"飞花挞"中一个"挞"字体现出力量与打击感，结合"含羞蓓蕾"在故事背景中一头羞赧的小鹿形象，"挞"体现出其在受惊时亦会奋力一击的形象；"惊惶木"中的"惊惶"二字刻画出一头受惊的小鹿在遇到危险时惊慌失措的自卫，译者"选择一个比较抽离的视角，以'惊惶'来描述她的心理状态"[19]；"流涡种"对应了原英文文本中的 Swirl，"流"体现出灵动，"涡"展示出了旋转，"流涡种"完美对应了"含羞蓓蕾"在游戏中释放此技能时动画效果中高速流动的种子，Lilting Lullaby，英文直译为欢快摇篮曲，译者认为"谣"字可以作为构思的基础，又以"夜阑人静"的意境来暗含睡眠的译法，得到了"夜阑谣"这一技能名称。夜阑，残夜将尽时，"山高地阔兮见汝无期，更深夜阑兮梦汝来斯。"[20]"夜阑"二字完美的结合了中国古典文化及英文文本原义，为上佳译法。而台服译者们亦从不同的文化解构角度翻译出"梦沉枝枒""盛绽之舞""拽柯之击""柔沉梦谣"之文本，"柔沉梦谣"相比"夜阑谣"，多了一分熟睡中的恬静淡然，此两种翻译均完美贴合了游戏中"含羞蓓蕾"使用终极技能时，使数位敌人深陷梦乡无法进行攻击、释放技能及移动的效果，在差异中体现了对于中华文化的不同解构，显现出台湾同胞的智慧亦是中华民族智慧结晶的重要组分。

The Show Stopper，英文直译为"使演出停下来的人"。因表演出乎意料博得满堂彩，观众鼓掌欢呼声大，舞台上表演者的话语都被遮盖，演出不得不中途停下。对这个文本进行翻译时，国服台服译者均选择了"叹为观止"而不是"登峰造极"。"叹为观止"出自《左传》中的《季札观乐》，"观止矣！若有他乐；吾不敢请已"[21]。吴国的贤者季札出使鲁国，向鲁国传达出世代盟好的意思，鲁国人设宴奏乐以欢迎季札，季札精通乐理，在席间品评乐舞，当鲁国准备的压轴节目《韶前》出场时，季札从其高超的演奏技巧出猜出这必然是最后一个节目，节目结束后季札立刻起身致意，感谢鲁国的招待，"演得好极了，十分感谢贵国的盛情，我看咱们就到此为止吧。"[22]与"登峰造极"相比，"叹为观止"以赞叹者角度着眼，形容看到的事物好到了极点，"登峰造极"为中性成语，"叹为观止"多含褒义[23]，又与"腕豪"背景故事中以精彩绝伦的拳击比赛震惊全场相合。国服台服译者不约而同的选择了这一翻译，凸显出两岸具备相同的文化渊源，中国台湾地区的文化是中华民族传统文化中的重要组分。

4 中国台湾地区向何处去：文化认同与建构

以上文述及的台服翻译文本来看，中国台湾地区无疑受到多种文化共同作用。"星籁歌姬"的终极技能"要不要来首安可曲"中，"安可曲"是法语音译词，在英语国家广泛使用，意指歌手表演很完美，让他再来一曲，在国内则更多的用作"返场"；"法外狂徒"的四个技能对应了《古惑仔》系列电影中的四部《人在江湖》《只手遮天》《猛龙过江》《龙争虎斗》，显现出中国香港特别行政区电影文化对中国台湾地区的影响；"齐天大圣"的翻译

"仙山石猴""分身术""定海神兵""筋斗突击"体现出台服译者对于中华古典小说的熟稔，亦显示出中国台湾地区游戏受众对于中华古典文化更为亲切熟悉。"腕豪"终极技能"叹为观止"的翻译凸显出台服译者对于中华经典成语的运用。综上所述，海峡两岸人民同根同源，均为中华民族的一部分。中国台湾地区虽受到诸多地区或国家的带来的文化影响，但地区文化发展的基础扎根于中华民族五千年来发展衍生的精神文化上。对于目前中国台湾地区与祖国大陆存在的隔阂，重点在于加强双边文化认同建设。

两岸本是同源，清政府倒台后，作为历代封建王朝显学的儒学也经历了解构。中国的文化体系最终以西学为主体，结合旧日儒学所保留的精华，艰难地完成了建构。解放战争胜利后，马克思主义成为官方意识形态，以工农阶级为主角的文学作品百花齐放，人民首次登上了过去只属于王侯将相的历史舞台。当今社会，大陆的文化建设以"两个结合"为基础，接纳吸收了传统文化的精华，但"不适应现代潮流的价值观仍然存在"[24]。台湾方面，地区前领导人马英九归纳说"台湾人所应有的、具有的六大核心价值：一是正直、二是善良、三是勤奋、四是诚信、五是进取、六是包容"[25]，强调民主自由的中国台湾地区价值观并不与中国大陆价值观存在难以调和的矛盾。社会主义核心价值观中包含的"自由、平等、公正、法治"是两岸人民共同期待与追寻的。目前，关键问题在于尊重理解台湾同胞诉求，将大陆价值观中小部分陈旧、腐朽、不适应现代潮流的的价值观进行祛除或改进，这将是更好容纳中国台湾地区价值观的重要基础。

结合马克思主义与中华优秀传统文化，是文化建设的寻根之旅。抛却意识形态的分歧，两岸在传统的继承上是一致的，双方有着同样的文化起源且当下仍在强调这种起源，这是双方文化认同的基础。而文化建构实际上是一个现代性的问题，文化的发展与制度的演进之间存在着某种不匹配，这也为双方在文化建构中寻求和解提供了可能的平台。两岸皆拥有基于中华优秀传统文化的共同价值观。在现代性话语的面纱下，共同价值观被掩盖，当下的文化建构就是去蔽的过程，返回到本真的民族文化起源。这一过程中面临的主要挑战是现代性文化瞬间与永恒交织中对过去历史的忽略，文化建构应该避免历史移情的滥用，过去是两岸联结的根本，不容忽视，但一味以过去填充现在、忽略当下也早已不合时宜。破解之道在于将中华优秀传统文化与当下具体的历史情境相结合，使文化建构在具体的每一个当下显现，将过去的团结、融洽以文化的方式与个人相连接，使文化建构在两岸的文化认同方面发挥应有的作用。

以"MOBA"游戏英雄联盟来看，部分网友对于中国台湾地区文化缺乏深刻理解，对台服译者的翻译水平有所嘲讽；个别国内媒体刻意选摘台服翻译中不尽如人意的部分，对其肆意鄙弃。事实上，中国台湾地区译者在英文文本的翻译中借鉴了不同文化背景下的独特解构和认知，对中华古典文化的理解与运用亦较为熟稔。国服台服译者均是中国传统文化的发扬者，两种翻译方式各有千秋并互为补充。在两岸文化交流互通中，大陆青年应以更加包容开放的态度接纳并欣赏中国台湾地区的文化，使中国台湾地区的青年人以积极、自愿、有组织的姿态加深对祖国文化的认同。

参考文献

[1] 陈长官（仪）.民国三十五年除夕广播词[J].台湾月刊, 1947(3-4).

[2] 陈鸣钟，陈兴唐.台湾光复和光复后五年省情（上）[M].南京:南京出版社,1989: 95.

[3] 朱家骅.写在创刊前的几句话.国语日报[N].1948,创刊号.

[4] 林文贤.“国小”社会科教科书中的台湾主体意识变迁之研究[D].台北教育大学, 2008:25.

[5] 蓝顺德.教科书意识形态历史回顾与实证分析[M].台北:台湾华腾文化股份有限公司，2010:139.

[6] 张宝蓉.台湾青年文化认同的建构与困境——基于学校教育的视角[J].台湾研究, 2015(4).

[7] 孙吉杰，李松林.论两岸南音交流在推动中华文化认同中的独特作用[J].武夷学院学报, 2020, 39(10): 63.

[8] 何绵山主编；赵容，陈婕，王子韩，张禄兴，李正光副主编.闽台区域文化[M].厦门:厦门大学出版社，2004.

[9] 何芳东.从宗教文化传承看两岸中华文化认同[J].陕西社会主义学院学报,2018(01).

[10] 英雄联盟在台湾持续火爆，副市长致辞，决赛场地设在市政府内！[OL].
https://baijiahao.baidu.com/s?id=1577852403225476978&wfr=spider&for=pc, 2017-09-07.

[11] 张锦兰.目的论与翻译方法[J].中国科技翻译，2004(01): 35.

[12] 杨颖波，王华伟，崔启亮.本地化与翻译导论[M].北京:北京大学出版社，2011: 148.

[13] 蔡齐齐,黄焰结.MOBA 类型游戏的本地化翻译研究——以《英雄联盟》为例[J].青岛农业大学学报(社会科学版), 2018(03): 85.

[14]（唐）裴休.唐故左街僧录内供奉三教谈论引驾大德安国寺上座赐紫方袍大达法师元秘塔碑铭.

[15]（宋）司马光编注，（元）胡三省音注.资治通鉴[O].北京:中华书局，1956:7946.

[16] 张南峭主编. 唐诗三百首[M]. 郑州: 河南人民出版社, 2019.

[17]（明）吴承恩著；（日）葛饰北斋绘.《西游记》[M].长春: 吉林出版集团有限责任公司，2012.

[18] 唐敬杲（选注）.列子[M].北京:商务印书馆，1926:49.

[19] 联盟译事：充满美感的三字技能组 揭秘莉莉娅国服翻译细节[OL].
https://mlol.qt.qq.com/go/mlol_news/varcache_article?docid=18021965173029968637&gameid=3&zone=plat&webview=cc.

[20] 曹胜高，岳洋峰辑注. 汉乐府全集 汇校汇注汇评[M]. 武汉:崇文书局，2018: 160.

[21] 左丘明（著），蒋冀骋（校）.左传[M]. 长沙:岳麓书社，2006: 220.

[22] 肖瑶，廖春敏.中华成语典故[M].北京:西苑出版社，2010:142-143.

[23] 王俊. 读成语·识天下：走进中国传统文化（技艺篇2）[M].北京:开明出版社，2015: 30-31.

[24] 陈孔立.两岸文化认同是“双文化”的认同[J].台海研究, 2016, 13(03): 8.

[25 台湾“中央社”八十五周年社庆 马英九谈六大核心价值[OL]. 台海网，
http://www.taihainet.com/news/twnews/bilateral/2009-04-02/391118_2.html, 2009-4-2.

The Origin and Construction of Cross-Strait Cultural Identity: Taking the Translation of League of Legends in Chinese Mainland and Taiwan of China as an Example

Abstract

There is a close connection between the people on both sides of the Taiwan Strait, and their cultures share a common origin. In the MOBA game "League of Legends", the Chinese servers in the mainland and Taiwan of China both provide localized translations of the same English text. By analyzing and comparing these translations, it is not difficult to see that the Taiwan region of China has unique cultural values that are deeply integrated into the value system of the Chinese nation, making them both distinctive and inseparable.

Key words: the Taiwan region of China; cultural identity; cultural origins; translated texts

"十四五"时期中国乒乓球国际话语体系构建研究

许富洲[1]，袁寅尊[2]
1 武汉体育学院体育教育学院，湖北 武汉，430079
2 四川师范大学体育学院，四川 成都，610000

摘 要：基于中华民族伟大复兴，中国梦实现的需求去把握和理解"十四五"体育发展规划的重要价值。将"十四五"体育发展规划与中国乒乓球国际话语体系构建深度融合，将有利于探索"十四五"时期中国乒乓球国际话语体系构建的路径。本文运用文献资料法、专家访谈法等研究方法，以中国乒乓球国际话语体系构建为研究对象，发现"十四五"时期中国乒乓球国际话语体系构建具有理性诉求：提升中国乒乓球国际传播影响力、文化感召力、形象亲和力、话语说服力和舆论引导力。"十四五"时期中国乒乓球国际话语体系构建存在诸多困境：1）话语权与实力不匹配；2）"非正义"现象突出；3）项目国际认同感薄弱。"十四五"时期中国乒乓球国际话语体系构建的纾困路径：1）提升话语能力，实现中国乒乓话语表述的底层逻辑；2）构建"空间正义"，创造中国乒乓话语表达的和谐环境；3）强化国际认同，减少中国乒乓话语阐释的现实障碍。

关键词："十四五"时期；乒乓球；话语权；国际传播；乒乓球文化

2021 年 10 月 25 日国家体育总局颁布《"十四五"土体育发展规划》[1]（以下简称《规划》），《规划》明确指出要加强与国际体育组织的交流合作，扩大我国的影响力和话语权，最终扩大中国体育国际影响力。体育国际影响力和话语权是大国外交和强国建设能力和作用的重要表征。通过《规划》指导我国乒乓球国际话语体系构建具有重要理论与实践意义，将《规划》与我国乒乓球国际话语体系构建深度融合，将有利于探索"十四五"时期中国乒乓球国际话语体系的构建。

1 "十四五"时期中国乒乓球国际话语体系构建的理性诉求

2021 年 5 月 31 日，习近平总书记在中共中央政治局第三十次集体学习中的重要讲话中提出："必须加强顶层设计和研究布局，构建具有鲜明中国特色的战略传播体系，着力提高国际传播影响力、中华文化感召力、中国形象亲和力、中国话语说服力、国际舆论引导力?"[2]。学者张毓强等认为："五力隐含着全媒体传播、文化传播、形象传播、知识传播与舆论引导斗争五方面的内容，涵盖了传统意义国际传播和文化交流互鉴的各个方面，呈现了对于国际传播效能全方位提升的总体要求"[3]。中国体育国际传播能力亟待提升，是因为当下中国体育故事传播与国际受众接受存在"误差"，中国体育信息国际传播存在"逆差"，体育强国形象与西方主观印象存在"偏差"[4]。

---

[1] 第一作者简介：许富洲（1998-），男，湖北恩施人，硕士研究生在读，研究方向：乒乓球历史与文化，E-mail：1142826278@qq.com。
[2] 通讯作者简介：袁寅尊（1998-），男，湖北恩施人，硕士研究生在读，E-mail：1142826278@qq.com。

酒香也怕巷子深，中国乒乓在竞技实力上一枝独秀，但在国际乒坛话语权上略逊一筹，未能拥有与之匹配的影响力，"五力"建设为"十四五"时期我国乒乓球国际话语体系构建明确了中心思想：

提升中国乒乓球国际传播影响力。首先，中国"乒乓人"的国际传播影响力亟待提升。我国在国际上的知名体育明星仅有姚明、李娜等少数群体，国乒球员的影响力在国内外更多呈现在乒乓球圈内，未能产生更加深远的国际影响力。其次，举办国内外重大乒乓球赛事的国际传播影响力需要继续提升。在国内仅有乒超等少部分赛事具有超强影响力，在国际上奥运会、亚运会、世界杯等大型比赛中的乒乓球比赛参与国仅限于亚欧等主体国家以及非美等少数国家。此外，我国体育媒体的国际传播影响力上还需进一步提升，2020 东京奥运乒乓球赛场上，面临禁止吹球、禁止摸球桌的"防疫"新规，中国运动员恪守规则，而日本选手在比赛期间多次吹球、多次触摸球桌，视规则于无物，裁判们却熟视无睹。面对此类情况，我国体育媒体未能有效帮助我国运动员伸张正义；

提升中国乒乓球文化感召力。全世界都知道中国乒乓球厉害，但并不是所有人都了解中国乒乓背后的故事，中国乒乓球文化感召力有待提升；

提升中国乒乓形象亲和力。提升国乒亲和力形象，需要对不同国家、不同地区和不同受众群体采取因地制宜、因人而异的方式，从而推进中国乒乓故事和国乒声音的国际化表达。另一方面，提升中国乒乓亲和力形象，还需要根据不同语境采取不同的精准传播方式；

提升中国乒乓球话语说服力。首先，国际乒联中的领导权是体现我国乒乓球国际话语权的重要标志。其次，中国乒乓球话语权中的语言权问题是重中之重。然后，提升话语表达技巧，不仅要讲好中国乒乓的故事，而且要对不同受众的文化习惯进行不同方式的表达；

提升中国乒乓球国际舆论引导力。在面对少数西方媒体对中国乒乓故意抹黑的情况下，我们需要有人站出来反驳，展示自己真实的一面，在舆论上要据理力争，让国际社会看到中国乒乓真实的一面。

2 "十四五"时期中国乒乓球国际话语体系构建的现实困境

2.1 话语权与实力不匹配

落后就要挨打，贫穷就要挨饿，失语就要挨骂。国际话语权关系到国家形象，是国际地位的重要组成部分，当下中国综合国力不断提升、经济实力不断加强、体育成绩再创新高，而我们在国际话语权方面尚未拥有与这些成绩相匹配的声量。

1）国际乒乓球组织中国官员数量少。在 2022 年 5 月更新的国际乒联官员任职表中，中国官员任职仅有 15 位（表 1），其中包括国际乒联执行副总裁刘国梁，刘国梁还担任 WTT（世界乒乓球职业大联盟）理事会主席与董事会成员，此外许昕还在亚乒联盟担任副主席。国际乒乓球组织中国官员数量与我国乒乓球在世界乒坛的实力不匹配，这其中存在国家不够重视国际体育组织高层管理人员培养、国内人才缺乏胜任国际体育组织高层的能力等诸多原因，中国官员任职情况直接反应中国乒乓的国际话语权，我们还需要更多的中国人、更多年轻的专业人才进入国际乒乓球组织，更多地参与国际事务，为我们争取更多的国际话语权。

表 1　国际乒联中国官员任职表[5]

部门	姓名	职位
执行委员会	Mr. LIU Guoliang 刘国梁先生	执行副总裁
董事会	Ms. LIU Yi 刘怡女士	董事会成员
运动员委员会	Mr. WANG Liqin 王励勤先生	运动员委员会成员
设备委员会	Mr. YUAN Hua 袁华先生	正式成员
设备委员会	Ms. WONG Choi Ki 黄彩基女士（港）	正式成员
残疾人乒乓球委员会	Mr. WU Sheng Kuang 吴晟光先生（台）	正式成员
规则委员会	Mr. CHAN Cheong Ki 陈昌基先生（港）	正式成员
规则委员会	Ms. YI Xining 易汐宁女士	通讯成员
体育、科学与医学委员会	Mr. ZHANG Xiaopeng 张晓鹏先生	正式成员
体育、科学与医学委员会	Mr. HUNG Tsung Min 洪宗民先生（台）	通讯成员
裁判和裁判委员会	Ms. WU Fei 吴菲女士	正式成员
裁判和裁判委员会	Mr. LAU Po Wing 刘宝荣先生（港）	通讯成员
荣誉会员	Mr. Xu Yinsheng 徐寅生先生	名誉会长
荣誉会员	Mr. YUE Yun Hing Henry 岳云兴先生（港）	个人荣誉会员
荣誉会员	Mr. YAO Zhenxu 姚振绪先生	个人荣誉会员

表 2　国际乒联现役中国裁判名单（2022.02）[6]

国际裁判编号	姓名	协会	性别	裁判类别
02107	Zhang Yingqiu 张瑛秋	CHN	女	高级裁判（AR）
99086	Chan Cheong Ki 陈昌基（港）	HKG	男	高级裁判
15212	Chung Li-Chuan 钟丽川（台）	TPE	女	执行裁判（A）
02110	Wu Jinyue 吴今悦	CHN	女	执行裁判
12201	Wu Fei 吴菲	CHN	女	执行裁判
12202	Xu Yumei 徐玉梅	CHN	女	执行裁判
16221	Feng Zheng 冯政	CHN	男	执行裁判
12206	Ho Hsin-Min 何新民（台）	TPE	男	执行裁判
11178	Lai Yonghui 赖永辉	CHN	男	执行裁判
12203	Lau Po Wing 刘宝荣（港）	HKG	男	执行裁判
99084	Lo Mun Ho 罗文浩（港）	HKG	男	执行裁判
02108	Peng Hua 彭华	CHN	男	执行裁判

　　3）赛场遭遇不公对待。2012 年伦敦奥运会女单决赛丁宁因连续发球被罚输掉比赛事件，在遇到不公平的对待时，缺乏保护自身的能力；2020 年东京奥运乒乓球赛场上，面临禁止吹球、禁止摸球桌的"防疫"新规，中国运动员恪守规则，而日本选手在比赛期间多次吹球、多次触摸球桌，视规则于无物，裁判们却熟视无睹。这一系列事件都直接体现我国在国际体育话语权竞争中处于被动地位，这其中存在中国体育媒体国际舆论影响力薄弱、"朝中无人"

等诸多原因，我们在乒乓球上表达的"中国声音"不足也还不够。

2.2 "非正义"现象突出

迪克奇从断点出发，超越了单纯分配式的"空间正义"讨论，提出了非正义的空间辩证法[7]。大卫·哈维不仅考察和批判了各种形式的空间分配不正义，更为重要的是对"空间"的社会生产过程的不正义进行了揭露和批判[8]。在全球空间中，西方国家凭借着强大的综合国力，不断施展着自己的影响力与话语权，这从某种程度上压缩了其它其他国家话语发声的空间[9]，造成了世界不同话语表达的空间非正义。

中国乒乓球话语体系在构建过程中可能会受到政治、经济、文化观念、宗教信仰等方面的制约，这种制约不仅会造成我国乒乓球话语权在传播空间上的不公平，还会引发各种社会空间资源、占有和使用上的不公正，而这种不公正现象的实质是一种"空间非正义现象"[10]，我国乒乓球话语权在表述过程中可能面临"空间非正义"，与已具备较高职业化程度、市场化水平以及拥有绝对分量话语权的西方体育项目竞争国际体育市场空间，我国乒乓球话语权在构建过程中不仅无法拥有平等的基本权利，也无法获得均等自由的传播机会。

"非正义"表现在各个层面，在政治上，存在明显的意识形态差异，资本主义国家众多，影响力广泛，以足球、网球为代表的西方竞技体育项目发展迅猛，从某种程度上挤压了我国乒乓球话语权构建国际空间；在经济上，篮球、足球等项目市场化水平高，经济效益良好，乒乓球职业联赛成熟度低、国际水平不高、经济效益低下，乒乓球职业运动员薪水相对较低；在文化上，西方资本主义国家通过自己强大的文化输出力，大力推广以奥林匹克为代表的更高更快更强的西方竞技体育文化，这都从不同程度上形成了一种非正义空间，最终会导致空间资源配置失衡，这其中有西方国家经济发达的优势、也有政治意识形态渗透进体育领域等诸多原因，由"全球性"带来的传播空间上的"非正义"是我国乒乓球话语权构建过程中无法避免的障碍。

2.3 项目国际认同感薄弱

乒乓球国际认同感低，主要体现在两个方面。首先，从内部因素看，乒乓球项目自身不具流行项目特征，客观分析这种现象的深层次原因便能发现：乒乓球项目缺乏娱乐精神，难以让人关注；球本身很小、观众难以观察；动作过于精细、对肌肉细节要求太高、不利于现场观看；参赛选手中规中矩、一切以成绩为目标、缺乏体育娱乐精神；奥运地位等级较低、国际参与度不高、别国关注度和投入减少。这种种原因都反映出乒乓球运动不具备当今世界流行体育项目的基本特征，导致乒乓球赛不适合开展为广泛性的体育赛事，缺乏全球性的影响力，国际认同感较为薄弱。

其次，从外部因素看，西方体育文化是以竞技运动项目的竞赛为特征的一种体育文化，追求对抗与竞争，这种体育文化具有世界意义，成为当代世界体育文化的主干，而乒乓球则更加注重技巧与灵活，面对西方竞技体育的如火如荼与世界人民的高度认同，人们（尤其是青少年）的注意力被吸引，乒乓球受到一定程度的冷落，国际认同感较低。英国著名报刊 *London Evening Standard* 谈到[11]，乒乓球和拳击是运动的两个极端，一个是一种耻辱，一个

是真正男人的纯粹运动。作者并表述了"严重怀疑像乒乓球这种在桌子上玩的游戏也能出现在奥运上"的观点，娱乐游戏与竞技体育导致的文化认识与定位不同削弱了乒乓球项目在国际上的认同感。如何克服这些困难，寻找一个适合的体系是我们需要思考的问题。

3 "十四五"时期中国乒乓球国际话语体系构建的纾困路径

3.1 提升话语能力，实现中国乒乓话语表述的底层逻辑

传播力决定影响力，话语权决定主动权。习近平总书记明确指出："提高国家文化软实力，要努力提高国际话语权"，因为只有拥有国际话语权，才能更好地推广、弘扬、宣介中国文化、国球文化。

第一，争取更多人加入国际体育组织的高层。应悉心培养和积极引荐出类拔萃的精英成为国际体育组织高层，鼓励退役后拥有重大影响力的运动员通过学习深造力争加入国际体育组织，与其建立稳定、通畅的沟通渠道。刘国梁在 2021 年当选国际乒联执行副主席便是最佳案例。此外，我们还可以努力争取更多人担任主要协会的重要职位，如 2021 年许昕担任亚乒联副主席，推动我国国际体育任职人员积极发挥作用，主动参与国际体育治理，不断完善国际体育人才培养体系，为扩大我国体育的影响力和话语权筑牢人才根基，实现从"参与者"到"主持人"的角色转换，提出更多建设性意见；

第二，积极参与国际体育事务。裁判员在某种程度上拥有影响比赛结果的话语权，我们要培养更多具有国际水准的裁判员，主动加强与国际体育组织沟通联系，建立良好伙伴关系，抓住举办 2022 北京冬奥会、2022 杭州亚运会的契机，与各国际体育组织建立广泛联系，有目的有计划地选拔高级裁判员进入国际体育组织实习或工作，要不断提升实习工作人员素质，加大外语培训工作力度、加大业务知识培训力度、加大实践培养和锻炼力度，从而积极维护自身体育发展的权益，在遭遇不公对待时，坚持用客观、中立的话语发声；

第三，提升中国体育媒体的舆论影响力。依托 WTT 世界乒乓球职业大联盟、奥运会、世界乒乓球锦标赛、乒乓球世界杯等国际乒乓球大赛平台，积极表达中国声音，以求同存异、多边主义、互利共赢的普世价值观增强中国体育媒体的价值认同度，以乒乓球技术、乒乓球器材、乒乓球赛事、乒乓球公益的文化产业扩大中国体育媒体的话语辐射力，以"中国乒乓，世界共享"的大格局大智慧培育中国体育媒体的话语感染力。

3.2 构建"空间正义"，创造中国乒乓话语表达的和谐环境

马克思主义空间理论学者大卫·哈维从地理空间的视域对社会正义展开了详细深入地探讨，并赋予了空间正义积极意义和作用[12]，而存在于"十四五体育发展规划"中的思想引领正是打破"空间非正义"这一僵局的理论基础，"空间正义"要求尊重区域内各文化传播的基本权利，为文化传播提供均等自由的发展机会。

对于中国乒乓球国际话语体系构建而言，"空间正义"必须要体现出其在"正义之维""公共之维""和平之维""多样性之维"等方面的价值诉求，这些价值诉求的存在，既强调了构建我国乒乓球国际话语体系必须要植根于正义的、公共的、和平的、多样的空间环境

中，又强调了该空间必须要在"差异"和"对话"的基础上构建一个团结的、共享的、互利的发展关系[8]。1）构建我国乒乓球国际话语体系的"空间正义"，创建包容开放的环境，形成互惠互利的关系，创造多元融合的文化，为我国乒乓球国际话语体系构建创造一个良好的外部环境；2）构建我国乒乓球国际话语体系的"正义空间"，要公平分配资源、尊重各国差异、注重对话交流，为我国乒乓球国际话语体系构建创造一个和谐的环境；3）构建我国乒乓球国际话语体系的"公共空间"，要减少文化竞争、弱化空间壁垒、尊重弱势文化，为我国乒乓球国际话语体系构建创造一个开放的环境；4）构建我国乒乓球国际话语体系的"和平空间"，要开放发展共享发展、强调和平化解冲突、和平共处平等对话，减少我国乒乓球国际话语体系构建过程中的障碍；5）构建我国乒乓球国际话语体系的"多样空间"，要辩证看待利弊、共性个性同抓、实现求同存异，增加中国乒乓球国际话语体系的包容力。

通过构建"五个空间"，挖掘我国乒乓球国际话语体系的核心价值，使"十四五体育发展规划"中的理念和思维融入到我国乒乓球国际话语体系构建当中，同时也要清醒地看到世界其他国家对中国乒乓球认可的部分，要挖掘真正有核心价值的乒乓球话语元素，实现中国乒乓球话语权与西方体育话语权上的对接，以便得到全世界各国民族的认同。唯有这样，才能使中国乒乓球话语体系有新的内涵，焕发出新的光彩，共创"正义空间"。

3.3 强化国际认同，减少中国乒乓话语阐释的现实障碍

提高认同感，需要更多的人关注乒乓球运动，这意味着潜在的运动参与人数扩张，关注度提升就有流量，流量足够大就会吸引资本，资本足够多就会提高运动员薪资，薪资高就会吸引更多人参与运动，更多的人参与就会提高项目的认同感，这是一个正循环。

首先，调动多边地区参与。调动北美洲、拉丁美洲、大洋洲和非洲地区的积极性，创造条件，力争形成中国与一些大国之间的乒乓球对抗与交流（如中美与中巴），美国运动员张安、卡纳克·贾哈，巴西运动员雨果·卡尔德拉诺在国际排名上靠前，竞技实力强劲，有形成大国对抗的基础，通过该洲的大国再去影响周围的小国，让大家参与到乒乓球运动中来，使乒乓球运动的国际认同感层层递进。2021 年 12 月的休斯顿世乒赛是世乒赛第一次落户美洲，中国乒协与美国乒协积极合作第一次组成中美跨国混双，自 1959 年以来美国第一次拿到世乒赛奖牌，这便为提高乒乓球运动的影响力与认同感形成了一个良好的开端；

其次，促进多边思维转变。乒乓球是民族的也是世界的，坚持多边主义，在认知上要开放，与国际乒联共同谋求乒乓球运动的发展，帮助世界各国普及、发展乒乓球；在观念上要转变，淡化我们自身非金牌即失败的金牌情结，用奥运金牌证明中国实力的时代已经过去了；在思想上要升华，舍弃"小我"，成就"大我"，树立"大乒乓球观"，帮助别国提高技术，勇争奖牌，通过获得奖牌提升乒乓球运动在该国的影响力与认同感；

然后，推动项目多边发展。在科技方面，升级比赛视屏播放与回放技术，让观众清晰了解运动过程，如现场大屏幕的慢速回放；在人方面，打造球星，打造运动员个性标签并增加娱乐精神，如张继科撕衣怒吼，马龙跳上球桌庆祝；在器材方面，推动器材改革，增加比赛回合数，提高观赏性，如小球变大球；在文化周边方面，可以开发一些与中国乒乓球文化有关的文化周边产品，例如吉祥物、纪念品、球拍模型等。提高乒乓球项目的认同感是促进我

国乒乓球国际话语体系构建的必由之路。

最后，打造传播链，要积极推动体育与多边行业融合发展，可以打造"体育＋"传播链：1）体育＋科技。利用前沿高端技术加速乒乓球器材革新和比赛科技化，乒乓球对打机器人，AR（增强现实）、VR（虚拟现实）体育游戏，鹰眼技术等，与时俱进提升消费者体验感；2）体育＋旅游。利用"一带一路"乒乓球国际赛带动丝路沿线各国旅游业发展，拉动游客消费，提高当地旅游业收入，体育旅游是体育产业与旅游产业融合发展的新业态，加强体育部门与旅游部门二者间的联合与相互协作，通过激烈的体育比赛，吸引游客观看，在需求与资源之间架起沟通与平衡的桥梁；3）体育＋传媒。借助乒乓球运动本身和传媒（包括电影、纪录片、综艺节目、直播、新媒体公众号、短视频等）的流量共同促进国球文化在丝路沿线国家传播，微信国际版 Wechat 与抖音海外版 TikTok 在国际社会都有较高的装机率、海外用户规模庞大，这为中国乒乓球国际话语的传播创造了绝佳条件；4）体育＋教育。通过中乒院平台，设立专项奖学金，定向招收丝路沿线国家留学生，有序扩大留学生规模，培养优质人才传播中国乒乓话语，实现人才从丝路国家中来到丝路国家中去；5）体育＋企业。创造乒超联赛与腾讯体育、虎扑体育、搜狐体育等大型热门体育企业合作的机会，转播赛事资讯以及售卖赛事周边产品，培育稳定的粉丝群体，同时也获取丰厚的利润，通过企业创造可观的商业价值与影响力，国球文化与体育企业的联合是双赢的举措。"体育＋"本身就是多边主义的具体体现，通过打造传播链，实现多边行业融合共通，推动体育产业多元发展，拓展我国乒乓球话语体系构建的路径。

4 结语

英国体育历史悠久，在漫长的体育发展历程中不仅伴随着时代背景的不断更替，也伴随着政府、市场、社会等各方之间的复杂博弈。为了满足体育发展和社会进步的需要，为了应对不断变化的历史局面，英国在不断的实践中探索出了一套具有代表性的体育治理体系。通过明确体育系统中各方的角色和职能，通过与地方合作伙伴展开全面的合作，通过出台文字性的体育治理准则，这套体育治理体系成功打通了政府投资与社会参与之间、国家战略与地方交付之间的联系，构建出了能够吸纳各方积极参与、具有可持续性且能够保质保量的体育发展模式。也为我国进一步推进体育发展提供了经验镜鉴。

参考文献

[1] 中国政府网.体育总局关于印发《"十四五"体育发展规划》的通知[EB/OL].
http://www.gov.cn/zhengce/zhengceku/2021-
10/26/5644891/files/ab4fdbb2ec0c47d693f28554994649eb.pdf, 2021-10-26.
[2] 新华社.习近平主持中共中央政治局第三十次集体学习并讲话[EB/OL]. 中国政府网，

http://www.gov.cn/xinwen/2021-06/01content_5614684.htm, 2021-09-01.

[3] 张毓强,庞敏.新时代中国国际传播:新基点、新逻辑与新路径[J].现代传播，2021(7): 40-49.

[4] 卢兴,郭晴等．中国体育故事国际传播的显性要素与隐序路径—基于国际视频网站 YouTube 的叙事认同研究[J].上海体育学院学报，2021, 45(5): 1-9.

[5] International Table Tennis Federation. Appoint officials Directory [EB/OL]. https://directory.ittf.com/#/appointed_officials

[6] International Table Tennis FederationList-of-active-IR-02-2022[EB/OL]. https://www.ittf.com/wp-content/uploads/2022/02/List-of-active-IR-02-2022.pdf

[7] Mustafa Dikeç. Justice and the Spatial Imagination[J]. Environment and Planning A, 2001, 33(10): 1785-1805.

[8] 张佳.大卫·哈维的空间正义思想探析[J].北京大学学报（哲学社会科学版）,2015, 52(1): 82-89.

[9] 陈刚.“一带一路”战略实施中推进体育文化国际传播的研究[J].首都体育学院学报,2017, 29(1): 4-7+25.

[0] 陆小黑,吴杰.“一带一路”：应对全球化语境下中国武术发展的空间非正义[J].天津体育学院学报, 2019, 34(6): 540-546.

[1] Anonymous. London Evening Standard[J]. Commercial Motor, 2013, 220(5562): 67-73.

[12] 张佳. 大卫·哈维的空间正义思想探析[J].北京大学学报(哲学社会科学版), 2015, 52(1): 82-89.

Research on the Construction of the International Discourse System of Chinese Table Tennis during the 14th Five- Year Plan Period

Abstract

Based on the great rejuvenation of the Chinese nation and the realization of the Chinese Dream, grasping and understanding the important value and foresight of the "14th Five Year Plan" sports development plan, deeply integrating the "14th Five Year Plan" sports development plan with the construction of China's table tennis international discourse system, will be conducive to exploring the path of constructing China's table tennis international discourse system during the "14th Five Year Plan" period. This article uses research methods such as literature review and expert interviews to study the construction of the international discourse system of Chinese table tennis. It is found that the construction of the international discourse system of Chinese table tennis during the 14th Five Year Plan period has a rational demand: to enhance the international communication influence, cultural appeal, image affinity, persuasive discourse, and public opinion guidance of Chinese table tennis. There are many difficulties in constructing the international discourse system of Chinese table tennis during the 14th Five Year Plan period: 1) the mismatch between discourse power and strength; 2) The phenomenon of "injustice" is prominent; 3) The international identity of the project is weak. The relief path for the construction of the international discourse system of Chinese table tennis during the 14th Five Year Plan period: 1) To improve discourse ability and achieve the underlying logic of Chinese table tennis discourse expression; 2) To construct "spatial justice" and creating a harmonious environment for the expression of Chinese table tennis discourse; 3) To strengthen international identity and reduce practical obstacles to the interpretation of Chinese table tennis discourse.

Key words: the 14th Five Year Plan period; table tennis; discourse power; international communication; table tennis culture

后疫情时代的身体：

人类文明三种身体观及修身方法的比较研究

张道奎[1]
1 山东大学儒学高等研究院，山东 济南，250100

摘　要：全球进入疫情时代以来，现有人类的医学理论、身体观念乃至健身理论都正面临巨大挑战，其中犹以中西医理论、中西文明身体观的差异最为突出。人类几大文明医学和修身理论的差异，归根结底是身体观的不同造成的。就欧美、中华、印度三大文明的身体观与修身方法来看：欧洲人在解剖学的基础上逐渐形成了人体八大系统的认识，强化并维持八大系统的功能就是体育健身的追求。中国的《黄帝内经》关于身体的形神论、阴阳论、气血论、经脉论，奠定了中医和内丹道以及中国武术的理论基础。印度人为摆脱轮回的痛苦执著于梵我合一的境界，以瑜伽的修身方法追求灵魂与肉体的极致融合。虽然因思维方式的差异导致了三大文明身体观的差异，但其在灵肉二分、多元均衡等身体认知方面仍有一定的认知共性。更因人类身体的唯一性与生理同一性，所以三大修身方法在意、气、动作方面存在着借鉴融合的可能性。在后疫情时代，融合的新身体观将对医学、体育学理论的当代发展具有重大影响。

关键词：身体观；修身方法；体育；武术；瑜伽

自 2019 年爆发的新冠疫情，已经演变为全球性的医疗、社会事件，其对全球经济发展、社会治理、医学理论等方面的影响都将是巨大而深远的。针对如何缓解新冠肺炎的临床症状的问题，中西医在发病机理、治疗方案、药物使用等方面都存在较大的差异。因而中西方在身体认知之间的迥异，也由此在中国又一次凸显了出来。

马克思主义认为，世界观决定方法论。那么具体到医学思想史领域，不同的身体观也决定了各自的身体病变理论与恢复方法，以及不同的修身（即强健肉体）方法。在某种程度上，各大文明的身体观也分别是不同流派的医学、生理学、体育学，乃至不同教派修习功法的理论基础。由此看来，中西医的差异根本在于中国与西方的身体观的迥异。而在今天的几大文明身体观的世界版图中，欧美人的身体观仍牢牢占据着各大领域的主导地位。欧美的身体观不仅引领着医学、生理学的理论研究与现实应用，同样引导着修身的方法。当下流行的大致有体育、武术和瑜伽三种成熟的身体改造方案（阿拉伯文明的修身方法不在讨论之内），居于主流地位的则是起源于欧洲地区的体育修身方法。这一基本格局在我国同样如此。我国的这种身体观与修身方法的整体格局是在近代以来西方文化传入的大潮中，在西方医学与竞技

---

1 作者简介：张道奎（1991-），男，山东山亭人，博士，研究方向：中国近现代思想史、中国儒学史，E-mail：echors@163.com。

体育的传播中，在国家体委的大力提倡中逐渐形成的。

同时，全球疫情也向健康理念与体育理念提出了挑战。在全民健身理念与"治未病"的大健康理念推动下，体卫融合、体教融合、体养融合已经逐步成为新的发展趋向。作为后疫情时代体育强国战略基本实施对象的身体，仍然是体育、医学等领域进行理论创新和实践创新的根本出发点和落脚点。而上文所述的欧美身体观、身体理论与修身方法在理论和实践上的单一性甚至独占性，已经严重制约了我国体育学、医学（尤其是中西医结合发展）乃至生理学的理论创新。重新审视欧美基于解剖学的身体观，发掘传统中国身体观与古代印度身体观的合理内容，探索构建整体性、完善性、融合性身体观的可行性路径，是实施体育强国战略、推行大健康理念乃至创造性复兴中医学的必要理论基础。而身体观及修身方法的比较研究，应该是这一理论创新的有益尝试。

目前我国学界对身体观的研究多集中在中国传统的、以中医理论为基础的身体观方面[1]。从中西身体观的比较入手，分析其现象、差异与原因的主要有《身体的医学化：中西医学的身体观》[2]、《文化与文明视野里的中西医冲突》[3]、《中西哲学身体观之比较及其启示》[4]等等。本文依据对当下社会流行的三大修身方法的观察，结合现有研究性文献中对身体观的叙述，从文明比较的视野上对中西身体观的生成线索、基本面貌及其差异作一个初步的宏观探讨。并在此基础上，尝试提出一个修身方法互相借鉴融合的可能性，以作为继承人类文明的基本身体观、进而发展现有修身理论的引玉之砖。

1 三种身体观及修身方法解析

历史地看，人类各文明的身体观基本上都是在轴心期（即公元前 800 年—公元前 200 年间）形成的，也正在此时，不同文明之间的身体观开始呈现出了彼此迥异的面貌——例如古希腊的四元素（冷热干湿）说和解剖法、古代中国《黄帝内经》提出的阴阳和气血经络理论、古印度吠陀时代梵我身心二分论等等。正是由于对身体认知上的差别，从而以这种认知为基础，就形成了各具特色的身体改造理论和病变恢复方法。所以，今天人类几大文明中的修身理论和医学理论的差异，实际上是身体观的不同造成的。

1.1 解剖术与欧美人的身体观以及体育

当下流行的各种体育运动，全国各地如火如荼的健身房，甚至以西医为基础的现代医学理论和医疗体系，这些毫无疑问都是在欧美人的身体观的基础上发展而来的。甚至可以认为，现代世界的体育运动理念，是以古希腊的体育观念和体育运动为源头继承演化而来的。

欧洲人对人类身体的认识经过了漫长的演进过程——从"医学之父"古希腊时代的希波克拉底开始，疾病和康复不再被认为与神意相关，对人的身体与灵魂的认识就成为医学理论的一部分。身体康复过程的重要手段——外科手术的诞生，则有赖于解剖术的认知基础和技术积累。古希腊人认为人的身体和灵魂都是由四种元素构成的，即冷、热、干、湿。[5]后经盖伦等人的发展，"血液、粘液、黄胆汁、黑胆汁"[6]的体液学说得以创立，统治欧洲医学界两千多年，并一度影响着近代的心理学理论。希腊化时代开始流行的体液学说，是一种朴素的古希腊哲学理论与人体解剖经验的结合，其直至欧洲启蒙时代仍被康德等人深信不疑。同时，古希腊人对身体的形态的追求，完完全全地展现在古希腊时代的人体雕塑中。无论是神还是人，无论是运动员还是哲学家，都是以骨骼肌肉的强壮有力为美，并以竞技体育为展现身体美的方式。奥林匹克运动会"更快，更高，更强（更团结）"的口号几乎可以代表古希腊文明对人体强健形态的认知。在中世纪的基督教时代，宗教的信仰压倒一切，人们普遍重灵魂轻肉体，尸体解剖成为宗教禁忌，欧洲人在认识身体方面推进不大。

文艺复兴以来，欧洲人对身体的兴趣又逐渐浓厚起来：古希腊的体液学说被哈维继承，并在此基础上形成了血液循环学说；解剖学又在达芬奇、维萨里等人那里开始大放异彩。欧洲人对人类身体的认识，随着解剖学的复兴而更精细和深入。维萨里在总结大量解剖案例经验的基础上写成的《人体的构造》（1543）一书，被后人评为近代人体解剖学的奠基之作。

正是在解剖学发展的基础上，在欧洲地区逐渐形成了人体组成的八大系统理论，即运动系统、循环系统、呼吸系统、消化系统、神经系统、泌尿系统、生殖系统、内分泌系统。[7]由八大系统组成的人类身体，在近代信奉解剖学理论的欧洲人看来就如一个钟表，当上帝造好了它，上好了弦，它就可以自己运转了。[8]这一身体观在现代仍被极致地反映在《西部世界》（HBO）等影视作品中。现今国内外医院的科室分类，也详尽地体现了欧洲人在解剖学基础上形成的可不断细分的身体观念。身体可以划分为互不统属的八大系统，系统可以再分为器官，器官再分为组织，组织再分为细胞。器官和组织就是组成身体的零件，身体出了毛病，其原因一定是某零件坏了；反过来讲，健康的身体是由健康的器官，即零件组成的，身体健康依赖于八大系统的强健。衡量各系统强健程度的各种指标，就成了可以测量和观察的数据标准，心率、血糖、血压、体脂率、血氧量，以及爆发力、耐力、反应速度，甚至身高体重的比例等等都成为了身体强健程度的具体指标。而增强这些数据的有效方式，就是提高肉体各系统、各部分的工作效率。

在这种身体观的指导下，体育运动就成为了强身健体的最佳途径。体育健身的各个项目似乎也职责明确，除了少数几种全身锻炼如跑步、游泳等之外，其他项目几乎都有了自己"专门负责"的领域。例如侧重上肢力量训练有俯卧撑、哑铃，侧重腰部力量训练有仰卧起坐，侧重腿部力量训练有跳远、深蹲，诸如此类。[9]健身房的各种器械的使用说明，更是身体解剖思维的极致展现。体育健身的方法与目的也不外乎把人从内到外、从上到下分成几个部分逐一强化，最终形成一个力量大、速度快、爆发力强、循环代谢功能旺盛的强壮个体。强化并维持身体的这种状态，就是体育健身的追求。

1.2 阴阳经脉论与中国人的身体观以及武术

与欧洲人不同的是，中国古代对身体的认识并不是通过解剖的方式去直接观察。虽然在奠定中国身体观的经典著作《黄帝内经》中，有对人体结构的细致描述，但没有直接证据表明这些结论是通过解剖得来的，它们而更像是长期进行针灸、草药实践的经验总结。有学者曾明确指出，"要理解传统中医学的身体观，就不能只拘泥于解剖，而必须全面考察和理解生命功能变化的多样性和复杂性"[10]。中国传统的身体观大部分体现在中医学等相关领域的理论中，在一定程度上可以说，《黄帝内经》基本奠定了中国古人的身体观。

总体来说，《黄帝内经》中已经基本形成了关于身体的四大理论，即阴阳论、形神论、气血论、经脉论。阴阳论的提出源于中国古人对昼夜四时的观察，他们认为人的身体内一如

天地自有阴阳，认识人体也就是"提挈天地，把握阴阳"[11]。人体内的阴阳变化与天地的阴阳变化相呼应，因此人也应该顺应天地四时而合阴阳，"阴平阳秘，精神乃治。阴阳离决，精气乃绝"[12]。形神论强调人体是肉体与精、气、神的统一体，在一定程度上身体健康与否取决于精、气、神的状态，"能形与神俱，而尽终其天年"[13]。具体来说，阴阳在人的体内更多的表现为气的形态，从"圣人陈阴阳，筋脉和同，骨髓坚固，气血皆从"[14]的论断中可以看出，中国古人认为在人体中阴阳是主，气血是辅；阴阳是大端，气血是实态。气血在人体运行过程中，气在血先，血壮气势，气血旺盛，然后脏腑、经脉、骨骼才能强健。正是专注于阴阳、气血的运行状态，强调培固身体与生俱来的生命力，中国古人在长期观察总结中，发现了气在人体中相对固定的运行路线。这些路线的总称即为经脉，对经脉的认识深入细致以后，经脉又进一步细分为十二正经和奇经八脉。

基于这样的身体观，中国古人认为"人始生，先成精，精成而脑髓生，骨为干，脉为营，筋为刚，肉为墙，皮肤坚而毛发长。谷入于胃，脉道以通，血气乃行。"[15]而保持这样一种运行状态就是健康的根本目的。这一时期，修复病变的身体的主要方法是药石，即草药和针灸。外在的与之相配合的运动，则可能是导引术一类的运动（待进一步考证），相关证据即是湖南长沙马王堆三号汉墓出土的《导引图》以及流传至今的八段锦功法。

基于这一身体观的修身方法的突破性进展，则要到东汉末年内丹道的初步形成。早期道教对长生久视多主外求，而由外丹道转向内丹道，是道教修身理论由外求到内求的转折点。转而内求，其关注的重点就是利用身体已有的材料和功能对身体进行改造。在这一转变过程中，道教徒对身体的理论认识也得到了巨大的推进。据魏伯阳《周易参同契》中提出的理论，内丹道在练金丹的认识基础上有所发挥，把外丹理论与人体构造相结合，进而把身体当作炉鼎，把体内的精、气、神作为药物，用元气使三者融贯。[16]东汉末年的《太平经》即明确提出"精气神三者混一，可长生久视"的思想。[17]内丹道学说建立的理论基础，是人的身体能够自成天地，并内转无碍；具体行气法门则是元气在身体内的运行路线。内丹道的理论重点在于元气运行，元气运行的路线基本上就是依据于《黄帝内经》中描述的经脉。所谓的内丹道小周天，即是由督脉、任脉、冲脉组成的"气"的运行路线。[18]内丹道中对形神论、阴阳论的吸纳自不必说，作为其运行路线的经脉理论更完全取于内经，因此没有《黄帝内经》的理论基础，内丹道的建立是不可想象的。所以基本上可以认为，内丹道是黄老道学在魏晋时期的新形态，是继承了《黄帝内经》而有所创新的修身方法，与中医学具有相近的理论基础。[19]北宋初年《圣济经》的"以道御数"思想，不仅是对《内经》身体观的部分突破，也包含着对道教修身方式的吸收和反思。[20]可见，内丹道的建立使得中国人主动促进人体的自我运转、自我调节、自我强健成为可能，这就摆脱了《黄帝内经》中调节身体必须在很大程度上依赖草药、针灸等外力的理论认知和实践方案的局限。

重形神气血融贯的身体观和以意领气的内丹道的进一步结合，极大地丰富了中国的武术运动理论。[21]温力教授认为，中国武术起源于自卫的需要，在冷兵器时代主要作为军事技击术而存在，明清之际武术的军事技能色彩开始逐步弱化。在中国武术由技击向修身方向转换的过程中，逐步吸收了佛教、道教的一些理论。对道教的吸收主要在内丹道行气的方面，如我们熟知的"气沉丹田"的口诀，就是内丹道以丹田为炉，以行气为法的修身理论在武术方面的实践表现。[22] 明清之后，各种武术流派如雨后春笋纷纷出现，其招式、理论虽然五花八门，总超不出内、外两个重点，即是在"外练筋骨皮，内练一口气"上下功夫。"练筋骨皮"依据的是《黄帝内经》的身体观，"练一口气"总要模仿内丹道的法门。

中国的武术运动较为完整地体现了中国身体观的特点，也正是在这个意义上具有中国身体观的典型性。正是在上述身体认知理论的基础之上，中国武术走向了一种修身方法的综合，即合内外、合形神、合气血、合阴阳。而顺通人体的阴阳、形神、气血的东西不再是中医的药石，也不再是内丹道的以意行气，而是武术动作。以动作引导气血，以气血培育精神，从而达到强身健体的目的。[23] 这就是中国武术所追求的修身方法。

1.3 梵论与印度人的身体观以及瑜伽

梵与大千世界的两分是古代印度世界观的基本内容。古代印度人认为人的身体是大千世界生命轮回的一个组成部分，他们的身体观从属于世界观。在古代印度人看来，梵是唯一实际存在的，大千世界皆是梵的显现，由梵衍生而来，最终也要回归于梵，因此人的身体不过是灵魂在轮回过程中一个暂时的寄居物。

帕坦迦利在《瑜伽经》中曾明确写道，"只要根源还在，它就会导致出生，一段寿命，以及生物经历的尘世体验"。[24] 这个根源就是人类灵魂对此岸世界的欲。由于身体的存在而产生了欲，这欲反而成为了痛苦的根源。因此，印度人对肉体的长生没有特别的追求，他们追求的是灵魂与身体的完全为一，进而达到梵我合一的境界，摆脱轮回的痛苦。在佛教中，能够达到这样的状态，就是觉悟。而在佛教产生之前，在古印度的吠陀时代，就已经出现了追求灵魂与肉体极致融合的修行方法，这就是瑜伽。瑜伽修行理论虽然认为肉体只是灵魂的暂住地，但是肉体却是人类锻炼意念—灵魂的唯一凭借，即通过肉体锻炼意念，是人类唯一可以实现的意念灵魂的修炼途径。由此，包括瑜伽在内的古印度教派各种肉体的修习或苦行行为，皆被认为是锻炼意念的方式。

汤用彤先生认为，"摄一切见集谓个人之我与胜义之我相合，是曰瑜伽"。[25] 一切罪恶，由于人我与大我分散，"求去罪恶，须有精神之统一"。[26] 即瑜伽修行法门的重点即在于灵魂与身体的统一，"由身体心理之修持，使人超越痛苦，由修行而得非常之身心威力"。[27] 在修行过程中以重灵轻肉、灵主肉辅为基本方式，以灵肉合一、梵我合一为最终目的，即"通过梵化的身体行动使人的自然肉身转变成梵化的身体"[28]。具体来讲，《瑜伽经》提出，"瑜伽抑制心念的多变"，而思维清晰、内心平静的状态"它来自于吐气和闭气"，"靠冥想可以停止心念的运作"。[29] 在这种认知之下，"瑜伽的八个步骤是自律、奉行、端坐、控制呼吸、收回感知力、集中注意力、冥想和全神贯注。"[30]

因而印度人认为，通过瑜伽式的修行方法，可以控制人类的欲望，收缩六识，进而把人的注意力完全集中于一点，这样就可以达到"对各种力量的完全控制"的状态。靠全神贯注的"冥想"某一事物，就可以在梵的统一层面上获得对他们的深刻认识，甚至获得意志专注对象的独特力量，这就是神通的获得。

而今天重新传入中国的瑜伽，似乎退去了其原有的宗教式追求，放弃了对神通的向往，成为一种侧重形体塑造和情绪疏导的健身运动。以健身瑜伽的自我定位来看，"以体位法和呼吸法的配合练习为基本手段、辅以冥想和放松，以增强人的体质、促进人的身心和谐发展为目标的社会体育项目"[31]，瑜伽的健身功能目前已经成为我国瑜伽运动的主流发展方向。瑜伽认为，"身体的尽善尽美在于美丽、有魅力、有力量以及金刚石般的坚硬。"[32] 瑜伽的呼吸、冥想和体位，对气息和意念的调节，向人们展示了不同于体育、武术的修身方法。也许正是这种美丽、有魅力和柔顺的身体观，吸引了许多以瘦为美的当代女性的目光。

2 修身方法"三流合一"阐释

如果各大文明之间的身体观与修身方法存在如此大的差异，那么三大文明间各不相同的修身方法是否具有借鉴融合的可能性呢？这就需理论论证和实践经验的总结上，以发展的眼光思考这个问题。

2.1 修身方法"三流合一"的可能性

上述三大文明身体观的差异，在根本上是由中西印不同文明的思维差异导致的。也就是说，是三大文明对世界和人体的思维方式与认知路径的差异，导致了各文明间身体观的不同。对东西方文明间的差异，晚清时期中国学者们就有过深入讨论。如时人曾提出东西文明的物质与精神、质与文、动与静的区别划分等等。季羡林特别强调西洋与东洋文明间分析与综合的思维方式的差异；梁漱溟注重于西印中各文明之间在对待问题的态度方面的意欲向前、意欲向后与意欲持中的差异。[33]

从文明比较的角度来看，欧洲人擅长把事物从相关的语境中抽离出来加以认知，"认为人体是一个闭合而自足的生物系统"。[34] 这种分析的、向前的、竞争的思维方式，导致极致主义的价值取向。在身体观方面，解剖术追求的是分割与分类的极致化，这与瑜伽追求梵我完全合一的思维方式接近，都是极致主义价值取向的具体表现。这一思维模式自有其独到之处，没有两极化的分析式追求，就没有解剖术认识基础下的生物学和现代医学，也没有相对论和量子力学主导下的现代物理学等现代科学的新领域。

而中国的中庸、综合的思维方式，催生了一种平衡主义的价值取向。具体到身体观方面，阴阳经脉论所追求的是一种人与天地的和谐、以及身体内部的平衡。这种均衡主义的价值取向就决定了中国人的身体观与修身方法（武术、内丹道与中医）不注重追求肉体力量、运动速度或精神意念的某一方面的极致，而是期望在所有身体机能的选项中寻找一个平衡点，从而达到整体机能的最优化。因而总的来讲，思维方式的差异导致三大文明的修身理论呈现出彼此相异的实践路径[35]：体育修身方法基于分析式思维认为人体是由被细化的各个部分到整体，瑜伽修身方法基于梵论主张应由肉体到灵魂，武术与内丹道修身方法则基于综合性思维主张应保持阴阳、内外、形神的平衡发展。

同时，"天下一致而百虑，同归而途殊。"三大文明都将身体作为一个整体，从不同路线去达到身体的延存，因此又存在着身体认知上的共性。在对人体的探讨中，三大文明都以肉体与精神（即灵魂）两分的基本观点来寻求修身的方法。瑜伽与武术是比较重灵魂与精神的，而欧美文明古代也曾把医治灵魂作为医术的内容之一，并产生了灵魂运动起源于大脑、心脏、肝脏，并受身体的约束同样由冷热干湿四种元素组成的认识。[36] 现代医学在分析的思维模式下，把人体的精神性影响因素划归为神经内科和精神心理科，这虽然脱离了体育运动的范畴，但它们仍是身体的组成部分之一，在理论认知上仍具有身体观的同一性。人类身体生理的同一性和身体认识论、方法论的趋同性，为三大身体观及修身方法的借鉴提供了理论基础。

其次，不同性质的均衡主义，同样是三大文明身体观的共同理想状态。中国武术认为精气神的统一是最佳状态，中国医学的"寒凉派""攻邪派""补土派"等治疗理论被古代中医学者认可并作为重要的治疗思路，这是中国人追求过程性均衡主义的表现。而依靠精密分析的解剖术而建立起来的欧洲医学与生物学，虽有"洋医但据解剖验脏腑之形状，未尽达生人脏腑之运用，故逐物太过而或流于固"[37]的弊端，但是自系统论提出以来，人体组成的各系统内外、各身体指标的平衡，也是衡量人体强健程度的重要参考。这一理念与古希腊时代人体四元素的"均衡"养生理念[38]颇多相似，也与瑜伽灵肉互相促进的追求相近，皆属于成分性均衡主义。

再次，三大文明的身体观所共同研究的对象——人类的身体，则具有对象的唯一性和生理的同一性。"世间各种族的人体生理结构有同一性"，是修身方法具有融合的可能性的根本依据。胡孚琛教授在精研道教、佛教、武术等多种修身方法的基础上就发现，道教各派、佛教禅宗、密宗、印度教性力派、伊斯兰教苏菲派、基督教神秘主义，包括武术各门派所传秘诀，都存在同一性，各派"在人体形、气、神三个层次上，各种修持法诀本质上是一致的"[39]。这种修身方法的相似性，"是因为世间各种族的人体生理结构有同一性，人体的气息、血液、内分泌、神经递质的运行规律有同一性，人类形体的经络、气血的能量流和生命力、意识的不同层次的活动在生理和心理上也有同一性，所以不难理解世界上各宗教不同门派的修持法诀也是有同一性的"[40]。

从武术和内丹道的修身理论的角度来看，强身在于养身，养身在于气血。体育健身强调有氧无氧运动相结合，运动与补充营养成分相结合，也是基于呼吸系统、消化系统与循环系统的配合。最新一项研究表明，耐力运动主要改善能量物质等的代谢，力量运动更有助于促进肌肉和骨骼健康。[41] 这一结论不会因身体观或人种的变化而发生改变。更进一步说，不同运动方式的共同实践效果，在于通过以不同运动方式和体位来控制血液的流向和流速，从而达到向不同身体部位运送营养的目的，进而实现身体局部的滋养和整体代谢的加强。这一理念也在瑜伽运动中得到证实。通过血液运送营养，是各修身方法共同的目的，它们的区别在于促进血液运动的方式。内丹道通过气，瑜伽通过意念，武术和体育则通过各式的动作。如此看来，意、气、动作的贯通，或许就是三大修身方法借鉴融合的突破点。

2.2 修身方法"三流合一"案例分析

修身方法的融通，在中国历史上的各修身派别的案例中已经可以得到部分印证。同时，三大修身方法在中国的并存及其实践，又为这一借鉴融合提供了实践基础。

太极拳作为中国土生土长的修身方法，是在吸收中医、易学、内丹道等多派学说的基础上形成的。融合内丹道理论与导引术及武术动作而成，合养生与防卫为一体。陈鑫的《陈氏太极拳图说》自序中记载，"明洪武七年，始祖讳卜，耕读之余，而以阴阳开合运转周身者，教子孙以消化饮食之法。理根太极，故名曰'太极拳'"[42]。因而太极拳在拳理上表现为易

经的世界观。以阴阳为理论基础，在动作中以丹田为气与意的重心，以意领气，以气运血，以血养身，符合《黄帝内经》以及中医学的养生理论。王宗岳《太极拳论》也明确指出，"太极者，无极而生，动静之机，阴阳之母也。动之则分，静之则和。无过不及，随曲就伸。……由著熟而渐悟懂劲，由懂劲而阶及神明"[43]，在运动中特别讲求意、气、血的统一，是典型的道家武术动作的流裔。

印度瑜伽与中国武术修身相融合的案例，则首推易筋经。历史较为悠久的少林易筋经（以《少林易筋经十二式》为例）相传是佛教徒由印度传入中国的，它在体式和功法中有浓厚的瑜伽色彩，和中国古代的武术套路有明显的区别。但流传至今的"易筋经十二式"，在先后相继的十二体式中又存在一个升阳、降阳的过程。整套功法重舒筋行血，以气血的运行来养神，不重肉体的力量和精神的体悟，这又带有中国古代八段锦等导引术的功法色彩，体现了中国特有的修身理念。我们今天看到的"易筋经十二式"或许并不是它初入中国时的原貌，很可能在长期流传过程中经历了大量的中国化改造，因此易筋经是观察中国古代阴阳论身体观与古印度瑜伽术融合路径的一个绝佳案例。

20 世纪产生的新拳种截拳道，则具有鲜明的西方搏击术的味道。追求力量与速度的体育，也在中国这片土地上找到了融合的交汇点。截拳道虽以中国武术咏春拳为基础，但在追求速度、力量、爆发力的方面已经非常接近西方体育的要求，这是以体育运动为主而吸收中国武术的案例。在中国传统的身体观看来，这种重外轻内、重骨骼肌肉而轻内脏气血的极端方式，一旦超过身体所能承受的极限，也必然会有不良后果。对力量的极度渴望，必然会转移到对肌肉和骨骼的改造上来。在均衡主义的修身理念看来，截拳道的训练方式是重外而轻内，重肌肉骨骼而轻内脏气血。因此就截拳道对身体的训练效果来说，短期内可以提高身体各项机能的指标，但长久以往却会对身体的整体机能造成损伤。

由三个案例的对比可以发现，体育、瑜伽式的修身方法是在极致主义价值取向的影响中逐步形成的。因为人类思维能力的局限性和个体生命的有限性，加之身体观对其修身方法的限定性，这就导致体育、瑜伽的修身方法专注于某一路径的极致追求。相比之下，中国的武术以及中医学理论等，在均衡主义思维的影响下，则更侧重已经认识到的阴阳、气血、形神、内外等等多方面的统一。仅就目前三者在中国的发展来说，体育、武术有趋近的态势，而瑜伽则处于相对孤立的位置。当然，在身体观与修身方法方面促进三者的融合，其最终目的是塑造和维持一种更健康、更完善的身体状态，而这不得不从分析借鉴现有的修身方法、探索现有身体观和修身方法的优长及其相同点开始。

3 结语

在理解身体理论与修身方法的总体形态上，可以用一个形象的比喻来解释三大修身方法的差异。如果体育、瑜伽等极致主义修身方法的理论形态可以比作山峰，那么中国武术等均衡主义修身方法就如高原。也就是说，体育修身方法的山峰之尖是肌肉骨骼血液，瑜伽的山峰之尖是精神意念；而在武术的高原上，则精、气、神、形一应俱全，但在理论的形态分布与钻研深度上皆不及体育、瑜伽的山峰之尖。本文论述三大修身方法的最终目的在于，在保持中国武术原有的均衡主义理论形态的前提下，使其理论深度和实践效能提升到体育、瑜伽的山峰之尖的高度，从而实现中国的修身方法在理论形态和实践效用上的质的提升。

医学与体育事业的发展，必依赖于身体理论与医学理论的突破。以修身方法作为个案来观察身体观的当代演化则能够发现，在今天的中国修身方法虽然以体育为主流，但也同时存在着大量武术、瑜伽的修习者。三者在长期并存、借鉴的过程中，存在着一种趋同的发展态势。就目前我国体育健身事业的实践特点来看，体育、瑜伽、武术三者取舍借鉴的标准，将是"术业有专攻"式的：体育修身方法重在肌肉骨骼，瑜伽的修身方法重在意志精神，武术修身方法重在各机能的综合均衡。这样一种修身方法形成的理论基础，有赖于融合后的新身体观的出现。后疫情时代医学理论的突破与人类身体活力及免疫力的提高，或也将有赖于此。

参考文献

[1]参见杨丽,葛金文.《黄帝内经》身体观之四层次说[J].中医杂志,2019,60(18):1531-1534；燕燕.《黄帝内经》"身体观"考述[J].中国哲学史,2017(04):15-22；赵希睿.先秦两汉简帛医书中的气论与身体观研究[D].北京中医药大学,2018；郑洪.五行五脏身体观的建构、应用及其文化诠释[J].文化研究,2017(04):135-146；梁健康.身体观视角下的简帛医书养生思想和方法研究[D].北京中医药大学,2019；李有强.中国古典身体观的转捩:基于中国体育变迁史的考察[J].上海体育学院学报,2019,43(03):92-99.

[2]陈国晨.身体的医学化:中西医学的身体观[J].山西中医学院学报,2016,17(01):65-68.

[3]唐小兵.文化与文明视野里的中西医冲突[J].南风窗,2015(24):38-40.

[4]江怡.中西哲学身体观之比较及其启示[J].现代哲学,2015(06):79-84.

[5]张轩辞.灵魂与身体：盖伦的哲学与医学[[M]].上海.同济大学出版社,2016:50.

[6]参见（古希腊）希波克拉底著,赵洪钧,武鹏译.希波克拉底文集[M].合肥：安徽科学技术出版社,1990:228-235.

[7]参见钮伟真,樊小力主编.基础医学概论[M].北京：科学出版社,2016.

[8]参见拉·梅特里著,顾寿观译.人是机器[M].北京：商务印书馆,2009.

[9]王步标,华明主编.运动生理学[M].北京：高等教育出版社,2011.

[10]刘鹏. 传统中医学身体观的近代演变[A]. 中华中医药学会.中华中医药学会第十六次医史文献分会学术年会暨新安医学论坛论文汇编[C].中华中医药学会·中华中医药会,2014:5.

[11]黄帝内经素问[M].北京：人民卫生出版社,2012：5.

[12]黄帝内经素问[M].北京：人民卫生出版社,2012:14.

[13]黄帝内经素问[M].北京：人民卫生出版社,2012:2.

[14]黄帝内经素问[M].北京：人民卫生出版社,2012:13.

[15]黄帝内经素问[M].北京：人民卫生出版社,2012:29.

[16]任法融.周易参同契释义[M].北京.东方出版社,2012:6.相关研究另参见萧汉明.论《参同契》的内丹术[J].转引自詹石窗总主编.百年道学精华集成[M].第四辑.大道修真卷七,上海：上海科学技术文献出版社, 2017:296-298.

[17]参见杨玉辉.《太平经》对人的认识[J].转引自詹石窗总主编.百年道学精华集成[M].第四辑.大道修真卷七,上海：上海科学技术文献出版社,2017:141-143.

[18]参见胡孚琛,吕锡琛.道学通论[M].北京：社会科学文献出版社,1991:550-559.

[19]盖建民.道教与传统医学融通关系论析[J].哲学研究,2002(04):73-78.

[20]焦健洋.《圣济经》对《内经》思想的几点突破——以"以道御数"中的阴阳与身体为中心[J].周易研究,2021(03):74-82.

[21]李有强.中医身体观及其运动养生思想[J].北京中医药大学学报,2017,40(10):817-824.

[22]温力.中国武术概论[M].北京：人民教育出版社,2005:391-393.

[23]刘一民,宋红霞,刘翔.健：中华传统体育的文化基因——基于健文化生成演进的历史逻辑[J].体育学刊,2021,28(04):8-15.

[24]帕谭佳里原著,霍华德•雷斯尼克英译,嘉娜娃中译.瑜伽经[M].北京：中国社会科学出版社,2017:58.

[25]汤用彤.印度哲学史略[M].北京：中华书局,2016:92.

[26]汤用彤.印度哲学史略[M].北京：中华书局,2016:92.

[27]汤用彤.印度哲学史略[M].北京：中华书局,2016:93.

[28]欧阳灿灿.《薄伽梵歌》中的身体思想[J].外国文学研究,2020,42(06):51-61.

[29]帕谭佳里原著.瑜伽经[M].北京：中华书局,2016:6,33,56.

[30]帕坦迦利.瑜伽经[M].北京：中国社会科学出版社,2017:70.

[31]裘鹏."健身瑜伽"概念的缘起及内涵解析[J].北京体育大学学报,2016,39(10):135-140.

[32]姚卫群编译.古印度六派哲学经典[M].北京：商务印书馆,2003:207.

[33]梁漱溟.东西文化及其哲学[M].北京：商务印书馆,1987:33-63.

[34]陈国晨.身体的医学化:中西医学的身体观[J].山西中医学院学报,2016,17(01):65.

[35]杨祥全,曾卫红.太极拳、瑜伽与奥林匹克运动：从运动习惯看文化差异[J].武术研究,2021,6(05):1-6.

[36]张轩辞.灵魂与身体：盖伦的哲学与医学[M].上海：同济大学出版社,2016:50-51.

[37]朱沛文.华洋脏象约纂[M].清光绪十九年(1893)佛山刊本.相关讨论参见刘鹏.传统中医学身体观的近代演变[C].中华中医药学会第十六次医史文献分会学术年会暨新安医学论坛论文汇编,2014:14-18.

[38]张轩辞.灵魂与身体：盖伦的哲学与医学[M].上海：同济大学出版社,2016:321.

[39]胡孚琛.丹道疑难与丹道调研[J].转引自詹石窗总主编.百年道学精华集成[M].第四辑.大道修真卷六，上海：上海科学技术文献出版社,2017:67.

[40]胡孚琛.丹道疑难与丹道调研[J].转引自詹石窗总主编.百年道学精华集成[M].第四辑.大道修真卷六，上海：上海科学技术文献出版社,2017:68.

[41]严翊,宋鸽,朱文阁,潘新亮.不同运动方式锻炼人群的血液代谢组学特征对比[J].北京体育大

学学报,2021,44(05):34-46.

[42]陈鑫.陈氏太极拳图说·自序[M].郑州：中州古籍出版社,2016.

[43]王宗岳.太极拳论[M].转引自任刚.太极拳行法释要[M].上海：上海辞书出版社,2015:9.

The Body of the Post COVID-19 Era： Comparative Study on Three Body Views and Self-cultivation Methods of Human Civilization

Abstract

The continuous outbreak of the global epidemic has had a great impact on the existing human medical theory, body concept and even fitness theory, among which the difference between Chinese and Western medicine theory and Chinese and Western civilized body concept is the most representative. The difference between body theory and medicine of the three civilizations is caused by different body views Realizing the breakthrough of body concept and Exercise Method is the theoretical basis for implementing the strategy of strengthening sports. Europeans had formed the understanding of eight systems according to anatomy, and maintaining their function was the pursuit of Sport. In Chinese book Inner Canon of HuangDi, named the theory of Body and Mind, Yin and Yang, Qi and Blood, and Meridians about the body, established the theoretical foundation of traditional Chinese medicine, Inner Alchemy and Chinese Kung Fu. In order to far from the pain of reincarnation, Indians adhere to the realm of Sanskrit ego unity and pursue the ultimate integration of soul and body by Yoga. Although there are differences in body view due to different ways of thinking, there are still some similarities in body cognition such as soul flesh dichotomy and multiple balance. Due to the uniqueness of human body and physiological identity, there is the possibility of reference and integration of the three self-cultivation methods in spirit, Qi and actions.

Key words: body view; exercise method; sport; kung fu; yoga

从体操运动员到体育摄影师："开心老太"洪南丽的体育缘

李东鹏[1]

1 上海音像资料馆，上海，201103

采访时间： 2022 年 9 月 9 日
采访地点： 黄浦区上海体育博物馆 2 楼会议室
访谈对象： 洪南丽
采访者： 李东鹏、李磊
整理者： 李东鹏、苏子玥
整理者按： 洪南丽，女，1938 年出生，著名体育摄影记者。曾是上海女子体操队队员、教练员。1979 年后成为一名体育摄影师，她拍摄了许多经典照片，如"范大将军""双飞燕"等，见证了上海体育 40 多年的发展。2018 年举办个人摄影 40 年影展"开心老太·感动瞬间"。

我是 1938 年 7 月份出生，现在正好实足 84 岁，虚岁 85 了。我中学是在市二女中[2]读的书，那个时候市二是重点学校，考上也不容易的。在市二女中上初中的时候，我们班里有一个同学，她是从武汉转校过来的。她非常喜欢体操，所以我们就跟着她玩，应该说她引导我走上了体操这条道路吧。很巧的是，那时我们几个要好的同学，一起报名参加了卢湾体育馆的业余体操训练班。以前卢湾体育馆是在陕西路淮海路的路口[3]。当时每个星期训练几次吧，下课以后，我就从永康路的市二女中赶到卢湾体育馆去训练，去练体操，我们叫翻跟头，做前滚翻，做头手倒立等。那个时候的卢湾体育馆，看台下面有一个空间，业余体操班就在那里训练。我们那时候也不懂事，就觉得很开心。

图 1：洪南丽

一、与体育结缘：成为一名体操运动员

[1] 采访者简介：李东鹏（1987-），男，山东淄博人，博士，上海交通大学博士后，副研究馆员，研究方向：中国近现代史、城市史，E-mail：1142826278@qq.com。

[2] 上海市第二中学，前身为务本女中，成立于 1902 年。1952 年，学校改名为上海市第二女子中学。1967 年，改名为上海市第二中学，开始男女生兼收。

[3] 解放后的上海市体育馆，1975 年改为上海市卢湾体育馆。1997 年，卢湾体育馆迁到现在的肇嘉浜路地址。

　　1953 年，上海举办第一届运动会[1]，其中有体操项目。我们的教练就帮我们报名去参加比赛。我们也不知道是怎么一回事，稀里糊涂地就去比赛了。比赛完以后，我觉得没事了。哪知道，不久《新民晚报》上登出来体操比赛的成绩，还是我爸爸看到告诉我的。我参加的中学组，没想到竟然得了一个高低杠的冠军和全能第五，还奖励了一个小奖杯。从此以后，我就开始走上了体操的道路。为什么呢？凭借冠军成绩，我被吸收参加了上海市学生体操队。那时的学生体操队，每星期在体育俱乐部训练（就是现在的体育大厦）训练一次。那里的四楼有个练功房，我们在那里练器材项目。自由体操，就在现在体育博物馆的大厅练。当时是我们国家最有名的两个教授，董承良[2]老师和傅昭容老师来指导我们。每个星期训练一次。之后还出去辅导，或下到学校里、基层去表演体操。

　　实际上就是从这个时候开始，对于体操，我等于已经半进门了。后来被挑选到上海体操队，应该是 1955 年 12 月份。我 12 月份进队的，很不巧，在 1957 年 5 月份，我被查出来患了类风湿关节炎，医生说：不能再练体操了。我也没想到，那时候我们单位的领导，就把我送到国家体委在北京举办的全国第一届体操教练员训练班去学习。去进修班学习的都做过教练，而我一天教练也没有做过。但领导还是送我去北京参加了这个学习班。第一期是苏联专家伊万诺娃担任我们的教练。我当时算是班里最小的学员了，也没有教练的资历。但我学得很努力，考试成绩也很优秀。北京三个月学习回来以后，没想到我的类风湿关节炎好了。因为去北方气候改变了嘛，北京很干燥，这个毛病就好了。好了以后，回来又做运动员。同时我利用业余时间，比如下午、晚上，在上海的业余青少年体校体操队做教练。那段时间是既做运动员，又做教练员。

图 2：年轻时的洪南丽

　　过不久，组织上就宣布我担任女子体操队的教练，不再做运动员了。原先在一起的姐妹

---

[1] 上海市第一届运动会（上海市运动会），又称首届人民体育大会，1953 年 5 月 30 日在虹口体育场开幕。
[2] 董承良（1916- ）江苏宜兴人，上海体育学院体育理论教授。1936 年毕业于上海东亚体育专科学校。曾任上海市技巧运动研究会总干事。1949 年以后历任上海东亚体专、华东体育学院教授，上海体育学院体育系主任、教授。曾任上海市体操协会副主席，上海市政协常委，国际级体操裁判。多次在国际性和国内大型体操比赛中担任总裁判长。

们，我突然就成了她们的教练。而且她们的成绩比我还优秀，但那时候就服从组织安排吧。她们也很支持，我就成了上海体操队的教练。在全国来讲，我那时算是最年轻的小教练。这大概就是我的体操经历。

大概 1965 年，迎接捷克体操队来华访问，他们在世界上是比较强的队。在上海这一站，就让我担任中国青年队的教练，并带队参加中捷比赛。后来我就考裁判，我是 1985 年，就考了国际体操裁判，然后通过了，被批准为体操国际级裁判。1990 年，国家体育局让我带队去参加在意大利卡塔尼亚举办的国际女子体操邀请赛，那是一个很有名的国际赛事，持续年限也比较长，有很多国家参加的。当时大会给了每个代表团四个名额，两名运动员外，还有两个名额，或者教练、或者领队、或者裁判。那么教练是必须的，因为要带队员比赛。那么还有一个名额，就是我一个人兼了团长、翻译、裁判，我一个人身兼三职。这个在我们体操史上，像我从上海地方升上去的，还是第一次的。

我的外语是自学的，就因为喜欢。那时有英语广播的初级班、中级班等，有空我就听，所以上面觉得我可能有这个能力。但我其实是很紧张的，因为我仅在 1986 年跟着国家体操队出去过一次，去美国担任中美体操对抗赛的裁判。把这个重任给我以后，真是急得睡不着觉，临上飞机，我真的不敢去，我一个人怎么担这个担子？但是我觉得她们对我都特别支持，比如国家体操中心的张健主任（曾经是李宁的教练），体操中心的领导，包括教练和运动员。因为从地方上来做这样的工作，这个角色以往是没有过的。尽管那一次碰到很多困难，但是我们团结一致，把这个任务完成得还是蛮好的。我们得了一个冠军、一个第二名……，该拿的名次我们都拿了，顺利完成任务回国后，国家体委也进行了表扬。

图 3：洪南丽带队在意大利参加比赛

体操的国际裁判每四年要考一次，我后来就没有再去考。因为摄影工作繁忙，与体操接触的机会越来越少了。那时已经到体委的摄影组了，但我还可以去做裁判。因为我有优势，又做裁判，又可以拍照。体操就是我拍摄的项目，别人进不去的地方，我可以进去。我把照相机放在边上，有空我就拿起来拍，单位也比较支持。应该说，我体操的经历基本上就是这样吧。

二、走上体育摄影之路

我们那个年代，想法都比较简单。组织上让干什么就干什么，就是说党叫干啥就干啥。1970 年时，曾经动员我回体操队担任教练。但是我觉得我的体力和年龄，已经跟不上体操的发展了。后来就把我分配在市体委的竞赛处，并分管体操。在竞赛处时我做成了一件大事，

就是筹备在上海举办的我国第一个国际体操邀请赛——1978 年上海国际体操邀请赛。当时科马内奇[1]等，他们都来参加。筹备前期，我到北京国家体委体操处去找材料，晚上就在旅馆抄，抄了好多好多。后面开展筹备工作，最后我是在总记录处，什么编排次序册、成绩单，总成绩册等，我一个差错都没有。记得，为了总成绩册的校对，我整夜留守在印刷厂。这件事，我自以为是很得意的。

爱上体育摄影，也与我的工作需要有关。我记得在 1979 年某一天的上午，反正也是在这个大楼[2]。我们体委人事处处长找我谈话，要把我工作调动到摄影组，当时叫体委宣传部摄影组。我作为一名 1959 年入党的老党员嘛，那时候的观念就是党叫干啥就干啥。所以呢，尽管因为我个儿矮，而且年龄已经 40 岁了，我自己认为不适合，但安排我到那里，那我坚决服从。所以谈话以后的第三天，原来摄影部的张其正老师、沈惠章老师，他们俩就把我的办公桌从竞赛处搬到了摄影部，那我工作调动就完成了。之后，给我相机，我就开始了体育摄影。

张其正老师、沈惠章老师应该说是我的师傅吧。那时候摄影部就我们三个人。去了以后，分了条线。我分了三个大项，体操、篮球、田径，还有一些小项，如羽毛球，击剑等，大家各跑自己的条线。我第一次拍摄是在江湾体育馆，张其正老师带我去拍击剑，属于我分工的项目。他都选好角度后，让我站在凳子上。之前，他自己先上去试过，完了以后下来叫我上去拍。就等于都给我选好了拍摄角度，我还犹豫了半天还是不敢摁快门。其实现在想想很简单，那时候就那么紧张。所以我认为，我走上摄影道路，他们两位起了引领的作用。

还有就是我们要整理资料，怎么把三个人拍的东西整理在一起。后来就让我来做资料工作，很花时间，因为要把底片放成像火柴盒那么大小的照片，贴在本子上并编号，每一张底片的底片袋要编号。什么时候拍的，谁拍的，运动员的名字都得写清楚。我除了完成自己拍摄任务外，经常星期六、星期天到单位加班来做小样照片，做完小样再把它贴好、写好。所以我们那时候找照片很容易。那个登记簿上一翻，比方我要体操，体操要哪类的，这里面都有，用不了 5 分钟就能找到。但后来没有坚持下去，因为拍摄任务越来越多了，实在没有那么多时间。但那段时间整理资料对我来讲是很宝贵，我学了很多东西。因为每个人拍的东西，都在底片里面，不像现在数码设备，一下就看见了。别人也不可能给你看他拍的东西。但是我给他们做小样，我就可以看到了，他们怎么拍的，为什么这个是好的。实际上就给我了一个很好的学习机会。

我负责的是田径、体操、篮球三个大项。小项呢，击剑、网球、羽毛球、还有一些，但真的也记不清了。篮球我从 1979 年一直拍到现在，所以篮球的资料我是最全。再就是像羽毛球的李玲蔚，击剑的栾菊杰，这些因为是我自己拍的，我这些都记得。

三、第一次拍全运会的经历

还有一个印象比较深的事，我是 1979 年 2 月份到摄影部。9 月份第四届全运会[3]在北京召开。本来不是我去的，临出发前一个星期，突然通知让我去。很多项目我都没见过，更不

---

[1] 纳迪亚·科马内奇，罗马尼亚女体操运动员，是世界体操史上最耀眼的明星之一。
[2] 即位于南京西路的上海体育大厦。
[3] 即第四届全运会。

要说我没有拍过。去的时候带了一大箱子，里面是一包一包配好的药粉、冲洗罐啥的，都是摄影用品。我的任务就是要把我们上海队在北京比赛的各个项目的冠军都要拍到。那就要提前做很多准备工作。就是把哪些项目，哪些有希望得冠军的运动员，都要了解清楚。另外就是他们在全运会的比赛时间地点，在次序册上找出来，比方说，田径，4x100 接力，几月几号几点在哪里比赛，都把它列出表格。当时去了很多记者，我又是一个新兵。他们记者要车都是办公室派，但我派不到车。那我就得把大会所有的交通路线、行车时刻，都要把它记下来。为什么呢？比方我要去拍羽毛球，刘霞有可能是冠军，她是几点钟比赛。我就查从西苑宾馆的班车几点钟出发，倒什么车，在哪一站倒车才能到体育馆。所以这些案头工作都做得特别细致。有的时候太疲劳，我坐在车上睡着了。该换车的站错过了。醒来以后，再赶快坐到那个点再换车上去。那天羽毛球比赛是在体操馆的三楼。跑啊跑，跑到三楼。正好拍到她最后一下击球。总算没把这个全国冠军漏掉。那一次全运会确实比较艰苦，但我觉得自己还是比较出色地完成任务，一个冠军都没落下。田径 4x100 米接力，我冲进田径场时，已经开始比赛了。我就赶快拍了最后一棒。我把所有的冠军都拍到了，确实也不容易。那时候我拍好后，晚上自己还要在厕所里面冲片子。第二天清早，自己乘公交，把那个片子送到解放军报社。之后片子会随报社板样的邮筒，当天中午就到上海，我们老师在上海拿底片去放大。放完以后，体育画廊当天下午就贴出去了。我们的报道还是比较成功的。全运会期间没有给我安排房间，我住在上海女子垒球队的房间里面，在门口那边搭了一个行军床。我所有冲洗的药品等东西都在我床底下。晚上他们睡觉了，我都轻轻地跑到厕所间冲片、选片，在里面把所有的事情都做完。第二天一清早，他们还没醒过来，我赶快要去报社。比方 6 点钟，军报的邮筒要走的，你必须在前面送到那里。所以回沪以后，我头发都有脱斑了，我自己都不知道。那那段经历印象很深，能有这个机会锻炼我也是很不容易的。

四、一些摄影作品的回忆

我的第一张照片应该是拍的足球，地点在沪南体育场。那场足球是无关紧要的，所以没人去，那么我就说去练练吧。光线很暗，我的镜头只有 90 毫米，焦距不够长（现在拍足球一般用 300 毫米以上的镜头）。我坐在球门边上拍，拍完以后，自己觉得动作是拍到了，但是曝光不够。那张片子的冲洗我是用了《大众摄影》上人家的介绍方法来长时间曝光。我用 1:1,D76 显影了 45 分钟，正常的话原液显影 8、9 分钟就可以。冲出来后，那张片子还可以，就是颗粒很粗，但是我正好拍到了"门前的险情"吧。

图 4：《门前的险情》

  我拍过许多让自己满意的照片，很难取舍哪一张最好。比方说，姚明与王治郅的"巅峰对决"，我比较满意。因为当时他俩正处巅峰，互不服输，都想战胜对方。我拍过很多他们两个在一起比拼的镜头，但都不满意。最后我就想跳球的时候，因为王治郅是左手，姚明是右手。他们两个正好面对一个方向，如果两个人都是右手，就会有一个脸对我，另一个背对我嘛。那一年的话，我一共有四次机会，主场两次、客场两次，在四场里面我拍到的一张比较满意的，球正好在中间。虽然机会很少，但是拍到了，这比任何他们拼抢的那种镜头要好。

图 5：洪南丽拍摄的姚明、王治郅《巅峰对决》

  像郭晶晶跳水的照片，跳水项目如果从平行角度去拍，背后是观众、广告，画面总是不干净。所以我想拍一张，运动员在水面上的。我就想象拍一张"在碧蓝的水面上有个运动员"。那一次在上海跳水池举办国际邀请赛，也就是万体馆边上的上海游泳池。我知道通到十米跳台有个电梯，从电梯里面直接可以站上十米跳台。所以我就想站在十米跳台上，从跳台上往下拍，运动员就压在水面上。我个子也小，穿的黑色外衣，人家也不会注意到。于是，我就到十米跳台，站在跳台上往下俯拍三米板的郭晶晶跳水。拍了十多张后，我害怕了。因为我觉得，第一，我身子比较往前倾，我探出身来才能拍到，不然我就拍不到。另外她是往下的，我跟着往下追焦，我感觉我也像要跟着下去，万一掉下去，我还不会游泳……。而且我看我拍的片子，我已拍到了我想要的，我就赶快下来了。

图 6：洪南丽拍摄的郭晶晶跳水

  我很喜欢的一张，是马艳红的《双飞燕》。

图 7：洪南丽拍摄的《双飞燕》

在体操照片的画面上一般都只有一个形象，我就想能不能有点创新，那一年正好世界体操锦标赛在北京举行，世界好手都来了，我就想怎么能拍出与众不同、有新意的体操照片。我就到位于吴兴路的体育科研所[1]，看了很多苏联的体操杂志，我就看到有一张照片，一个框里面有两个形象，我想我可以试试看。正好我对中国运动员的动作非常熟悉，马艳红那一套动作上来是什么，后面接什么我都很清楚。我就觉得可以把她的上法和后面的那个"特卡切夫"同框，正好两个动作脸是朝同一个方向的，可以把两个不同的形象放在一张照片里。不巧的是，那次出差以前，正好单位大扫除，我不慎从窗台上掉下来了，结果右手手腕骨折。当天我在游泳教练陪同下乘了 41 路公交车到瑞金医院看了急诊，打了石膏。领导就跟我讲，"你北京就不要去了吧，你手也打了石膏。"我说，"我还是要去的，好不容易有这个机会，你们放心，我会照顾好自己。另外，我做过运动员，我不怕这一点。"所以当时在北京，我是右手打了石膏，端着照相机拍的。马艳红的《双飞燕》我是用的两次曝光拍的。那还是胶片时代，拍一张照片按一次快门，得上快门卷片，然后才能拍第二张，不卷片就拍不了。在卷片的时候，相机下面有个按纽，需要把这个按纽顶住。那我一个手不方便，相机得端稳，不能有高低移动，但我做到了。因为有高低的话，杠子就会出来四条、五条。现在高低杠还是两条。但是我适当地往右边平移了一点点。为什么？不然两个形像头顶头。她的高低杠动作都是顶在一起的。我移过去一点，有点斜的角度。所以我觉得那张片子，自己特别喜欢，因为下了苦功，而且在手腕骨折打石膏情况下创作出来。

五、《范大将军》与《萨马兰奇在想什么》的创作过程

《范大将军》那张照片是 1995 年拍的。原来当年申花队没有夺冠的目标，有次徐根宝突然跟我说，"我们队现在形势很好，有希望冲冠。我跟范志毅已经达成了共识，我们一起努力来冲冠。你可以多来一点，训练的时候，你多来拍一点。"那时候去拍训练，不像现在限制只有 15 分钟，或者不让拍就不能进去。那时候只要愿意去，随时可以去。自从徐指导跟我讲了这个话以后，他们每次在虹口足球场训练我都去，而且我就从头坐到底。我就觉得他们要夺冠，我多拍点的好东西。当然，范志毅是我主要的拍摄对象，因为那时他的呼声很高。就是突然一瞬间看见他站在那儿，把衣服撩起来一点，那个神气就是很霸气，就是要夺冠的样子，我就拍了下来。

---

[1] 上海体育科学研究所，位于徐汇区吴兴路 87 号，成立于 1959 年 12 月，是以应用研究为主多学科、综合性的体育专业研究机构。

图 8：《范大将军》

　　也没在踢球，也没在拼抢，但是他神态出来了，第二个人出不了这个神态。为了这张照片，我还特意请文字记者帮我起个名。我说这张照片起什么名呢？那位文字记者说用庐山会议上彭德怀的话，"舍我其谁？唯我彭大将军。"他说，"你改成唯我范大将军。"后来我把"舍我其谁"去掉。我觉得把范志毅写得太霸气了，毕竟范志毅那时褒贬不一。赞成他的人很多，反对他的人也不少。我尽量给他减少压力，所以就用了"唯我范大将军。"没想到这张照片会有那么多人喜欢，而且一直流行到现在。范志毅的爸爸每次见到我，都会对我说"你帮我儿子拍了一张好照片，谢谢你。"他儿子也因为"范大将军"被叫红了。我说"范志毅爸爸，不是我把范志毅捧红了。而是范志毅把我这张照片捧红了。因为他的气质，他的霸气，我这张照片就有生命力。如果他没有这样的气质，没有这样的霸气，我这张照片早就没生命力了。"我也从中悟出了一个道理，说我们摄影记者跟运动员的关系，绝不是我捧红了哪个运动员，而是运动员让我们的照片有了生命力。所以我跟各个条线的运动员，包括那些很有名的运动员，都处得很好，因为我尊重他们，他们则给了我们拍好照片的好机会。

　　神态是摆不出来的，人物瞬间闪现的表情靠摄影师的敏锐去扑捉。我喜欢的还有一张——《萨马兰奇在想什么》。1993 年第一届东亚运动会，国际奥委会主席萨马兰奇来上海，在上海体育馆有一个新闻发布会，所有记者都去了。我那时在东亚运动会的宣传部工作，那天我在练习馆的二楼，但我觉得这个位置拍出来的照片很一般，我就想拍一张与别人不同的照片，而且可以一直流传下去。我就从楼上跑到楼下，进会场里我是最后一排，因为只有一个通道，都坐满了人。我就从最后一排，一直往前挪、挪、挪，终于挪到第一排后面。因为每挪动一个位置，我就说"I'm so sorry."因为很多外国记者嘛，他们在记录时，我赶快挪动一下。那时有个很敏感的问题，第二年要审核中国举办奥运会的资格问题。现场有记者问萨马兰奇这个问题，这时他拿着一支黄色的，长城牌的铅笔，那时候带橡皮的铅笔，他正好把压在嘴唇上，正在思考怎么回答。我觉得这个时候是最佳的，因为黄颜色搭配也好，另外长城牌铅笔体现他在中国、在上海。所以我拍了一个大特写照片。第二年去申奥，新华社把我的这张照片要去了，做了一个申奥杂志的封面。可惜他们没有把这个杂志给我。那年我们申奥虽然没有成功，但我这张照片能发挥作用，我也很高兴。直到现在，萨马兰奇的这个形象照，还是得到认可的。所以我觉得，拍一张好照片，要能一直留下来，一直可以人有回忆，这样才是一张好照片。

图 9：洪南丽拍摄《萨马兰奇在想什么？》

六、一些关于拍摄的趣事

我还拍到一张得意的照片。有一次国家篮球队集训，莫科脚踝训练的时候受伤了。姚明就把他从训练场背出来，一直把莫科送上车。等我发觉的时候，他已经上汽车了，我就很后悔。但我想，莫科下车的时候，估计姚明还会背他。我就抢在前面，第一个下车，我早早地站好了位置，后面果然姚明又背了莫科，把他背到宾馆里面。但我估计不足。姚明两米多，莫科也两米多。两个高个子的人叠加在一起，我的广角镜头包不下，退得不够远。一犹豫，我就拍着一个侧后影。所以我觉得要做有心人，能够拍到一张谁也没拍到过的照片。两个那么高的人叠在一起，既是奇观，也反映了姚明的高素质。那么多人，姚明就想到背他出来，背他进去。所以我觉得一张照片，让人有很多感悟、启发。姚明之所以会成为姚明，就跟他很多好的品质、好的素养分不开。

图 10：姚明背莫科的瞬间

关于郎平与队员玩"老鹰抓小鸡"的照片，那是郎平第一次做教练后，女排到上海来参加国际比赛。我觉得郎平做教练是一个新的题材，她当运动员很出色，她做教练会怎么样？一般拍比赛照片我都会提前去，从他们准备活动开始我就拍了，不光是比赛。他们在做准备活动的时候，郎平为了让运动员兴奋起来，就让他们来玩"老鹰抓小鸡"。她做老母鸡，那么高高大大的队员都在她后面，男教练做老鹰。就那样，很有趣。后来晚报也采用了这张照片。现在的教练带准备活动拍不到了，主教练不到比赛开始是不会出来的，不管足球、篮球、排球，主教练都这样。尤其足球，到比赛开始才出来，不带准备活动了。

图 11：郎平与队员玩"老鹰抓小鸡"

还有两张是别人拍的申花队的队长莫雷诺两次把我抱起来。

图 12：足球运动员莫雷诺两次拥抱洪南丽（1）

图 13：足球运动员莫雷诺两次拥抱洪南丽（2）

这两张照片老太我很得意。因为我平时拍照、采访，都是在发角球的地方，我搬个凳子坐在那里，莫雷诺跟我很熟悉。那么多年，他一直看我坐在那个位置上。甚至有一次，他跑到那个发角球的地方跟我说，"好累啊，真的好累啊。"我们关系也比较熟了嘛，下面这张图片，是在等他发角球的间隙，他在跟我讲话。

图 14：足球运动员莫雷诺与洪南丽交谈

2017 年足协杯申花得冠军那一年，当时记者都在场上追运动员嘛，满场飞奔，我被一个年轻的记者撞倒地上了，那时很危险，大家在场地上跑，撞我那个人自己也不知道，幸好一个球迷看见了，他说"洪老师，你怎么在地上？"我说"赶快把我扶起来，要不人跑过来，我就被踩在地下了。"刚扶起来，我站着还没动，因为我还得缓一缓，莫雷诺过来了，要不是因为那次摔倒，我肯定也跑到别的地方去了，他看见我，说，"啊？你在这里啊？"他一下就把我抱起来了。结果，这一抱起来不要紧，顿时所有的记者都围过来了。所以我觉得，这个很开心的事情，对吧？也没想到会突然有这么一个好照片。

第二次是 2019 年的时候，申花再夺足协杯冠军的时候，我真的已经跑不太动了，我就慢慢地移动。莫雷诺正好跑过，其他球员也是跑东跑西的欢呼，他看见了我，"哦？你又在啊？"他就一下子像公主抱那样就把我抱起。第一次把我举起来，第二次又抱起来。所以他抱了我两次。人家说，"你好开心啊，队长把你高高抱起……。" "我真的很开心，没想到，真的没想到。"后来好多人都把拍的照片发给我，感谢我的同行们！要不然我不可能有这个照片。这里面也说明跟队员的关系，就是你很理解他，很支持他，也很尊重他，所以他也会对你有这种友好的态度。

七、摄影器材进步带来的新挑战

和过去比，摄影器材发生了翻天覆地的变化，以前是胶片时代，比较长的镜头就 90mm。后来换成数码相机，功能越来越齐全，相机也越来越重。现在又出了微单，佳能的 R6、R5 就轻很多，所以器材的变化很大，而且拍好马上可以看到，对不对？好不好？不行的话马上再补拍。以前拍的胶片，得冲洗出来才能知道拍得好不好，没法再补。现在可以当场联线发稿，拍好就可以传出去，新闻发稿太方便了。以前胶片拍完了回来，我们都要去摄影店加冲。胶卷感光度 1600 最高了，感光度不够就要加冲，冲完以后，再选片子发稿。我有一次在虹口拍甲 A 联赛四川队和上海队的比赛，我记得很清楚，球迷在虹口的比赛现场打架，编辑急等我回去发稿，我公交车挤不上，走了一站路后还是挤不上。下雨撑着伞，背着摄影大包，就是挤不上公交车，我满脸都淌着水，也不知道是泪水还是雨水。像现在的话，我电脑联线马上就可以发出去了。另外，科技进步对摄影记者的要求也更高，必须懂得更加多东西。就像我 60 岁开始学电脑，以前从来没有接触过，现在必须要会这些现代化的装备和技术，才能迅速地完成任务。

体育摄影设备都是比较重的，特别是很多项目要用 300mm 的长焦镜头。我的摄影包里一般配备两个机身，三支镜头。还要带上一支独脚架。现在我已经背不动了。我现在都是换用比较轻的设备，相机从单反换成微单。镜头原来用 300mm 的大炮，我现在换成 200mm 的镜头，加个增倍镜，就轻多了。随着年龄的增大，要不断改变让自己去适应变化，再好的摄影器材用不上就是一堆铁。背了不止一个相机，不止一个镜头，还有脚架，包里还要背个电脑，还有一个小凳子，那一大堆是蛮重的，在摄影现场就没有了自由。

八、摄影作品走向国际

我的摄影作品《争夺的瞬间》在上海摄影家协会举办的国际摄影展获得了个三等奖。后来协会是选了一批作品送到香港了，当时我不知情。后来通知我《争夺的瞬间》入选了香港第十九届摄影沙龙了。当时能够被香港方面选中，这件事情真的很开心。

我还有一幅作品感觉比较得意——《龙舞》。为什么叫《龙舞》？我觉得像是好多条龙在跳舞。那一年，在上海体育馆进行市运会开幕式排练，我知道他们排练里面有舞龙，就去了。很久以来，我就想拍一条不一样的、有生命的、独家的"龙"。因为拍龙的照片实在太多了，都很相似。我就试用一个弧形追随法去拍，让画面上的整条龙感觉都在动。因为静静地在那儿抓拍嘛，我成功了。直到现在为止，没有一条龙是跟我一样的。后来摄影家协会一位副主席，看到了我这条龙的照片后，那一年正好上海要举办一场"纪念延安文艺座谈会讲话"的摄影比赛，就让我去参加，说可能是会中奖。我投稿参加了，但没有获奖。后来那位副主席还责问我，说，"你不听我话，我叫你投，你不投。"我说，"我投了。"他说"我怎么没看到……"。

图 15：《龙舞》

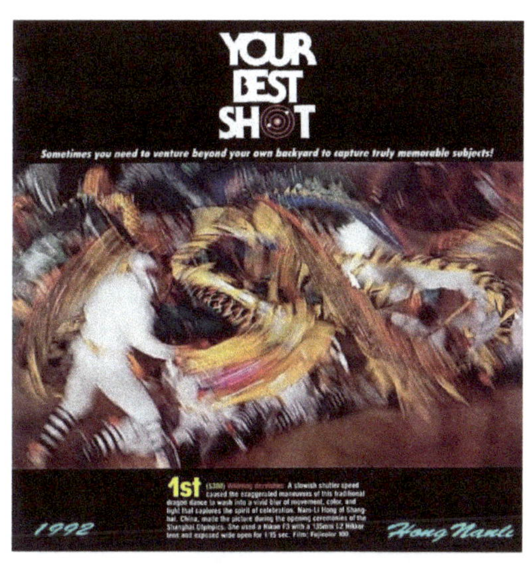

现在摄影比赛，比方有几百张、几千张照片投稿，评委看不到那么多的，由一批助理或者志愿者先挑选，他们把自认为好的留下，认为不好的就扔掉了。所以我的照片可能被他们扔掉了，评委就看不到了。也可能选片的人，觉得这个龙不像龙，像其它东西。我跟那个副主席讲了这个道理。话说回来，从那以后我很少参加摄影比赛，我觉得是这样的情况。就是懂的摄影的人还没看到，不太懂摄影的人已经把你筛选掉了。后来，那些摄影的老前辈们对我说，"你投美国《大众摄影》试试看"。我怎么投呢？因为完全要英文写说明，我没有这

个水平，摄影专业的用词也不会。摄影家协会的副主席、新华社摄影部主任夏道陵先生（曾任新华社驻英国记者）是很有名望的摄影界前辈，他说"洪南丽，我帮你。"后来是在他家里，他帮我用英文写了参赛所需要递交的材料，包括图片说明和拍摄技巧。后来就寄到美国了，我自己没抱希望的，因为平时也看不到美国的《大众摄影》杂志。没想到一个月以后，我弟弟告诉我得奖了，而且是金奖。我弟弟那时在美国留学，我留了他的联系地址。这件事全靠这些老前辈的推荐、引导，特别感谢夏道陵先生。后来我查了一下，当时中国摄影记者在美国《大众摄影》上得金奖的，大概我是第二个还是第三个。那条龙就像一个绚丽多彩的、翻倒了的染缸，颜色也很鲜明，动感也很好，我也是很喜欢。

九、举办个人体育摄影展

我的第一个体育摄影展《美妙的瞬间》是在 1992 年。我那时自己不是很清楚，身边有个老师鼓励我"你可以去办个摄影展，体育影展还没有人举办过……"他不光鼓励我，还帮我思考、选片。举办地就在静安区文化馆，文化馆免除我的所有费用。现在上海摄影家协会的主席，中国摄影家协会的副主席雍和老师，那时候他在《青年报》任摄影记者，他们都说他黑白放大特别好。我跟他也不太熟，我当时也不知道哪来的勇气，就猛然地找到他，说："雍和老师，你能帮我放大照片吗？我要搞影展。"他二话没说，就说"好。"他帮我就借大世界的暗房，那时大世界有个青年摄影协会，借着他们暗房，用一天时间放大照片。雍和帮我放完，晚上临走的时候，他才告诉我，说："我得赶快回去了，你收拾，我不陪你了。我女儿发烧，今天都在家里。"哎呀，我所以想想就是，他们都对我那么好，我这个人很幸运。雍和老师现在是上海摄影家协会主席，中国摄影家协会副主席，也不是一般的身份了。那时跟他也不是很熟，但是他一口就答应了。那一次影展，还有当时摄影家协会主席黄绍芬[1]。那时候要请他，有一个老摄影家就对我说，"我陪你去他家。"我就跟着他就上门了，就说，"黄老师，你能不能来我的摄影展。"另外请他题了词，我的摄影展是黄主席给我题的名。最后举办了一个很俭朴的摄影展，据说当时全国也没有个人办体育摄影的。

图 17：《美妙的瞬间》——洪南丽体育摄影展

图片来源：据上海音像资料馆影像资料截图。

---

[1] 黄绍芬（1911－1997），笔名黄克，是著名电影摄影师，代表作有《女篮五号》《林则徐》《聂耳》《霓虹灯下的哨兵》等。新中国成立后，历任上海电影制片厂总工程师兼技术办公室主任，上海市电影局摄影总技师，中国摄影家协会第三、四届理事，中国摄影家协会上海分会主席，上海市文联副主席，上海市摄影家协会主席，中国电影、电视摄影师学会第一届名誉会长。

　　我的第二个摄影展是我 70 岁那年，我就想我 70 岁了，以后可能不大有机会再摄影了，那我就搞个总结吧。当时选了星光摄影城，前摄影家协会副主席任洪良，创建星光相机博物馆，是上海市摄影家协会星光摄影分会会长。他们七楼有个影展区。我请了我的好朋友帮我放照片，他在星光专门做放大，所以就是自费搞了一个。那次我没有写告别，但我心里想我可能是告别了。那次范志毅、朱广沪、朱建华、徐根宝、李秋平、祁宏都来了，方方面面很多人都来了，把星光大楼挤满了，我很感动。那次影展主题叫《风雨同行》，就是在体育这个领域里，我一直在边上追赶。那次虽然很简单，我也没有任何费用可以答谢人家的，但那次还是蛮热闹、蛮成功的。特别是每次我请电视台体育部的，他们总是一口答应。我感谢所有的支持我的人。

　　第三次影展大概相隔一年多，那时候是在文新报业集团。他们有一个系列，专门给老同志搞影展。我看到影展也很羡慕人家，但我没有开口，也没有去问，因为我不是他们系统里的人。突然有一天，文新报业集团负责摄影活动的领导找到我，是在文新报业的大厅里面碰到的，他说，"洪老师，你愿意我们帮你搞一个老同志影展吗？"我说，"我当然愿意了，但是我够不够格啊？人家老同志都是很棒的，有很多经验，我是半路出家的。"他说，"可以啊，只要你愿意，我们帮你搞。"第三个影展主题是《我们记录历史》，在文新报业集团的大厅里面。那次我最省事，我只要把片子提供出来，他们负责选片、放大，包括布置等。我给他们请柬的名单，他们发请柬。我是一身轻松，不像前两次我都要自己操心。而且《风雨同行》影展，开展前一天晚上我几乎开了个通宵。有一位老同志是业余的摄影记者，他说他帮我做镜框，布置照片，但他能力做不到。结果明天要开展了，今天晚上还没有布展好，前面大的展示的画幅也没有弄出来。那明天怎么开啊？后来我的一个好朋友沈琳，是《新民周刊》的一位资深美编，他帮我开了个通宵，终于把前面的一个大幅的照片搞出来。再就是感谢《东方体育日报》，那天我的影展有一个版面，其中有一张《范大将军》的照片。那个报纸放在台上，来参观的人可以拿。结果，参观的人还没有到，报纸已经被拿光了。范志毅来了都叫范志毅签名，所以他们也很高兴。

　　《开心老太·感动瞬间》是我的第四个摄影展，应该也是最后一次，时间是在 2018 年，由东方网股份有限公司主办，源深体育场等方面承办的。我很省心，也有点烦心。很省心是确实要感谢源深体育场，他们出了很大力气搞展览。原来是在体育馆的比赛楼走廊一圈做展览，后来他们觉得气氛不够，改到足球场的大厅。那几天正好没有比赛，没有活动。他们出了很多力，放大、布置，都是专业的。我好朋友沈琳他是总设计师，设计版面、板块、照片大小，布展，都是他统一指挥。那次很气派，因为不愁钱了。后来找了"达咖文化发展有限公司"作为赞助一起参与。唯一的遗憾就是开幕式那天，我摄影集没能够出来，本来想给大家作为伴手礼带回去，但没来得及，申请书刊号也没来得及。后米由沈琳总策划，在东方网的朋友们大力帮助下出了一本没有书刊号的四十年摄影集，算是遗憾吧。那次影展是王治郅从北京赶来了，另外李秋平、潘晓婷，胡荣华，上海棋院院长单霞丽等都来了。另外我觉得我最开心的就是上海前两任体委主任都来了。

图 18：《开心老太·感动瞬间》影展

十、感悟：摄影是脚踏实地的活

　　摄影看上去是快门咔嗒一下，很轻快，但在摁下快门前要做很多很多的铺垫。这其中有许多个人不知不觉的经验积累，也要拍摄者有主观意识。比方说我在北京拍摄全运会，我有意识地做了很多案头工作，才能保证我一个冠军不落。摄影需要脚踏实地，一张一张地拍，没有半点虚假。不像文字工作，虽然我今天没到现场，但我在电脑上看、在网上查，拼起来也可以写一篇很好的文章，就像我已经到了现场一样。但摄影，没去就是没去，后面补不了。另外像足球、篮球比赛，不可能出现同样的动作，瞬间闪现的机会就一次，一晃就没有了。所以我觉得第一是要踏实，要积累丰富的知识。我那时候管不了家，家里都是我先生照管。我经常一个电话就说，我今天不回来了，或者不回家吃饭了。他说永远等不到我吃饭的，体育摄影要准备吃苦。另外，自己要有很丰富的知识，包括摄影的，包括体育的，对体育人物也要熟悉。我就是喜欢摄影，我愿意为它付出，它也会实实在在地告诉你，努力了会有收获。不下苦功，那就什么也没有。

图 19：正在拍摄中的洪南丽

　　我觉得很重要一点，要尊重自己的拍摄对象。我的拍摄对象给了我拍好照片的机会，不是我来帮助他们成长，我永远感谢我的拍摄对象。我跟拍摄对象的关系都特别好，都是好朋友。这样你拍他，他也放松，他会把最好的状态都表现出来。如果说你跟他关系不好，硬给他拍的话，就不会释放出美好的神情，会不自主地有保留。我有时候碰到一些运动员，他不太配合，我会跟他讲，"你配合我，我拍出来好看的是你自己。你如果不配合好，我照样能拍到你，只不过拍出来不好看，损害的也是你自己。"所以我觉得我们对拍摄对象要尊重，另外从拍摄对象那里，也可以学到很多东西，对自己也有动力。

我个人最大的愿望是能出一本《开心老太摄影集》，经过几次波折，或是因为时间来不及，或什么情况，到现在还没有出。现在书刊号申请也不是很容易。另外我希望能拍到 85 岁。

From Gymnasts to Sports Photographers:

The "Happy Old Lady" Hong Nan-li's Sports Fate

Interview time: September 9, 2022

Interview location: Meeting Room, 2nd Floor, Shanghai Sports Museum, Huangpu District

Interviewee: Hong Nanli

Interviewers: Li Dongpeng, Li Lei

Organized by: Li Dongpeng, Su Ziyue

Editor's note: Hong Nanli, female, born in 1938, is a famous sports photojournalist. Formerly a member and coach of the Shanghai women's gymnastics team. After 1979, she became a sports photographer and took many classic photos, such as "General Fan" and "Double Flying Swallows", witnessing the development of Shanghai sports for over 40 years. In 2018, she held a 40-year personal photography exhibition called "Happy Old Lady·Touching Moments".

体育译介与跨文化传播
Translation and Cross-cultural Communication of Sports

2023 年第 1 期

On the Semanteme of "裁判" in the Olympic Winter Sports from the Perspectives of Frame Semantics

王娅丽[1]，霍传颂[2]
1, 2 成都体育学院外国语学院，四川 成都，610041

Abstract: The Winter Olympic events have become more and more popular in today's society. The successful bid for the 2022 Beijing Winter Olympics and Winter Paralympics has increased people's interest in snow and ice events. The related sports English has also received a lot of attention. As an international language, English gives audiences a more intuitive understanding of the content of the events they are interested in. However, it's difficult for the non-specialist sports audience to distinguish and understand the close synonyms that appear in sports English terms. "裁判" is an essential part of sports. Unlike the Chinese word "umpire", there are several relative expressions of the word "裁判" in English. Moreover, the Winter Olympic events are less popular in China, and "裁判" for different events are also different, so it is essential to distinguish these terms accurately. By collating the content of the order books of the Winter Olympic events in relation to "裁判", taking the frame semantics proposed by Charles J. Fillmore as a theoretical framework, this paper aims to analyze in-depth the semantics of the different "裁判" in the English language for the Winter Olympics, exploring the measures that when the Chinese word "裁判" alone is not equivalent to the different expressions in the English language, providing a new perspective for the discrimination of English synonyms. As China hosts other projects, it can be instructive about solving the problem of inconsistencies in English-Chinese terminology in the translation process.

Key words: Winter Olympic events; different versions of *caipan* ("裁判"); frame semantics

1 Introduction

1.1 Background and Significance of the Research

The perfectly staged Winter Olympic Games successfully attract people's interest in the ice and snow events and has also brought the related English language of sport into the limelight. However, there are often many confusing expressions in these sports English terms, and the role of these similarly meaningful expressions is often crucial in sporting competitions[1] . For example, the Chinese term "裁判" has several expressions in English like judge, jury, referee, and umpire,

---

[1] 第一作者简介：王娅丽（2001-），女，贵州毕节人，硕士研究生在读，研究方向：体育翻译，E-mail: 18308670428@qq.com。
[2] 通讯作者简介：霍传颂（1987-），男，山东淄博人，博士，讲师，研究方向：体育翻译与体育外交。

which may lead to ambiguity. Accurate language can convey the right message, help people understand the relevant Winter Olympic events, and conduce the development of these events in China. Based on the order books of the Winter Olympic events, th is paper analyses the meanings and duties of "裁判" based on the semantic meanings in English to deepen the audience's understanding of the rules related to the Winter Olympic events.

1.2 Purpose of the Research

Order books for different sports events are indispensable for people to understand the sport, and information on the functions of "裁判" can also be obtained from these order books. Through analyzing the different expressions of "裁判" of the Winter Olympic events from their semantemes and duties with the frame semantics proposed by Charles J. Fillmore, this paper expects to explore the measures that when the Chinese word "裁判" alone is not equivalent to the different expressions in the English language.

2 Frame Semantics

2.1 Definition of the Frame Semantics

Frame semantics is a theory of linguistics developed by Charles J. Fillmore, which is extended from his earlier case grammar. Case grammar is a theory that he came up with in Case for Case, following a revision of standard theory raised by Chomsky. It was not developed because of classification and systemic problems. Frame semantics relates linguistic semantics to encyclopedic knowledge. The basic idea is that one cannot understand the meaning of a single word without access to all the essential knowledge that relates to that word. Indeed, It tries to give a comprehensive explanation that how meanings are structured and associated with words in a semantic structure and how these provide access to our conceptual system, the inventory of structured knowledge that we use to navigate the world [2]. This perspective accounts for word relationships that aren't simply structural-semantic, such as hyponymy, synonymy, or antonymy. Instead, it depicts the interdependencies between words using prior knowledge learned via experience and stored in long-term memory.

2.2 Application of the Frame Semantics

The central idea of frame semantics is that lexical meaning must be described through semantic frames that can characterise beliefs, practices, institutions, imagery schemas and other conceptual structures and patterns that can provide the basis for meaningful interaction in a given linguistic community. The frame, as it is called, is any system of linguistic choices - the easiest cases being collections of words, but also including choices of grammatical rules of linguistic categories - that can get associated with prototypical instances of scenes [3]. For example, the four kinds of "裁判", "judge" "jury" "referee" and "umpire", are synonymies only when we put them into the same semantic frame or the same background. If it's a competitional frame now, they are all referred to as a kind of match officer. Instead, "judge" in the court frame and "jury" in the competition frame refer to totally different people. Thus, a word activates or evokes, a frame of semantic knowledge relating to the specific concept which it refers to or highlights, in frame semantic terminology. Absolute synonyms are words that can be substituted for each other in any case without changing their meaning, the requirement so strict that only a very small number of words are qualified. Obviously, "judge" "jury" "referee" and "umpire" are not. Thus, we distinguish them simultaneously in lexical and semantic senses, with the help of the dictionary and order books.

3 Different Kinds of "裁判" in the English Dictionary

3.1 Definition to Judge

The word "judge" is from the Old French word "judge" and the Latin word "iudex", both of which mean "one who declares the law." At the end of the 14th century, this term began to refer to anyone who decides on a sporting event. Then from the 1550s, it was used to express "one who is qualified to express opinions." In Jewish history, the term "judge" refers to a war leader with temporary power. When the word "judge" was used as a verb, it means "to examine, appraise, and to make a diagnosis", or "to form an opinion about something, to inflict a penalty to someone, to punish someone, and to pronounce sentence." The verb can also be intransitive, which means "to make a decision, to decide to do something, to think, and to suppose". The verb "judge" was from Anglo-French "juger", Old French "jugier", meaning "to judge, to pronounce judgment, to pass an opinion on". Here's the definition to "judge" in the dictionary in competition, the judge refers to the person who decides who has won the competition, the person who has the necessary knowledge or skills to give their opinion about the value or quality of somebody or something. The word judge thus carries an extreme sense of subjectivity.

3.2 Definition to Jury

In Anglo-Latin, the term "jury" refers to a "set number of persons, selected according to law and sworn to determine the facts and truth of a case or charge submitted to them and render a verdict." It is derived from Anglo-French and Old French "juree" and Medieval Latin "iurata," which means "an oath, a judicial inquest, sworn body of men." The definition "body of people chosen to award prizes at an exhibition" dates back to 1851. The term "grand jury" is derived from the early Anglo-French phrase "le graund Jurre," which means "large," and refers to the number of members on the jury. In competition, the definition to "jury" in the dictionary refers to a group of people who decide who the winner of a competition is, as well as a group of members of the public who listen to the facts. It can be seen that, while it is similar to the dictionary definition to "judge" used in competitions, it is distinguished by the number[4]. The term "judge" can refer to a single match officer or it can be used in the plural to express multiple match officers, but the term "jury" is not commonly used to refer to a single match officer. This is the most obvious difference between "jury" and "judge".

3.3 Definition to referee

The term "referee" was first used in the 1620s to refer to an official position, "person who examines patent applications," but the meaning has since become obsolete. By the 1660s, it had come to mean "the person to whom any matter in question is referred for decision." It is also used in law, referring to a "person appointed by law to try a case in place of a court." Moreover, the sporting use is documented as early as 1820, and it was widely used for baseball in 1856. In the English language, "referee" is derived from the verb "refer", which is derived from the Latin word "referre," which means "to relate, refer." The word "referee" is combined with "re-" which means "back" + "ferre" which means "to carry, bear". Here is the definition to "referee" in the dictionary in competition. It refers to the officer in charge of enforcing the rules of the game. Match officers are responsible for maintaining and enforcing the competition's order through their instructions to athletes.

3.4 Definition to Umpire

In the mid-14th century, the word "umpire" was written as "noumper", from Old French "nonpeer", which means "odd number, not an even number". With "non" which meaning "not" (non-) and "per" which is derived from Latin, meaning "equal", it refers to a third person who can judge between two. By the mid-15th century, the initial "-n-" had been omitted. Initially, it was written as "oumpere", which was lawful, but then changed to "umpire" because of the incorrect separation of the "noumpere", which was initially legal. Furthermore, the sporting sense was first recorded in 1714 in wrestling. Here is the definition to "umpire" in the dictionary in competition, a person whose job is to watch the game and make sure that rules are not broken. The name "umpire" emphasizes the requirement for match officers to strictly estimate whether a match has been reasonably played under regulations, and his personal will is less clearly conveyed than in the rules.

4 Different "裁判" in the Winter Olympic Events

4.1 "裁判" in Luge — Judge

The Luge is an exciting event. Athletes lie on their backs and use body coordination to control the sledge as they slide down the track. The start area of the luge track has two handles, one on each side. With these handles, the athlete begins to generate momentum by rocking back and forth, propelling himself onto the track with his hands in the spiky gloves as soon as he gets there. The athlete with the lowest cumulative time at the end of the runs is the victor.

International Luge Federation (FIL), the governing body for international luge sports, sets the rules for luge contests. For the Olympic Winter Games' luge competitions, the International Luge Regulations are applicable. The judge is the primary match officer whose job is to ensure that the game proceeds according to schedule, as stipulated by the International Luge Regulations. Despite this, the jury is still in place, and it holds ultimate decision-making power during the competition and training period. On the other hand, the jury members are not allowed to perform any technical duties or act as race officers while the event is taking place. Because of this, the jury's attention is drawn to supervisory responsibilities. A judge is more forceful in the game.

Winter Olympic judges must have a FIL International Judge License in order to serve as race leaders in competitions, which is the most fundamental prerequisite. For the Olympic luge competitions, judges are expected to perform a variety of tasks. They will be as race director, start leader, starter, finish leader, a person in charge and records of the weigh-in, a person to check the athletes' temperature, and other needed things. It required approximately 45 - 60 persons in total. Except for the start leader and the responsible judge, no other person is allowed in the start area during the game.

Moreover, if the judge watches and supervises the start process, he must take note of a false start as the first authority and report it to the race director. The gauged scale must be installed for the pre-competition weigh-in for the athletes, under the supervision of the judge, both at the start and at the finish. Furthermore, the judge is the only person who may use the gauges; no one else is permitted to utilize them. Luge racing is a fast-paced sport, so the judge must ensure that there are no issues in the region they are responsible for to guarantee that the game runs well.

When the word "judge" is written down, here is an example sentence from China Daily：

Li Wei, a judge in the test luge match last year, was still waiting to hear if he would become a formal judge for the luge competition during the Winter Olympics next month.

去年雪橇测试赛的评委李伟仍在等待，下个月冬季奥运会期间他能否成为雪橇比赛的正式裁判[5]。?

Those who are unfamiliar with the rules of luge might wonder why Li Wei, who has already officiated in the test event, is still waiting to become an official judge for the Winter Olympic bobsled competition. However, if one reads the rules for the judge at the Winter Olympics, he will know that only a judge with the FIL International Judge License can serve in a position in the Winter Olympics.

4.2 "裁判" in Bobsleigh and Skeleton — Jury

Bobsleigh sport is descended from the luge, and one or more athletes can drive the bobsleigh.

It is a speed race, taking place on a U-shaped ice track with curves. The athletes wear special shoes arranged spikes like a brush that will help them accelerate, run to push the bobsled forward by 50 meters in just 6 seconds, and then jump into the bobsled, quickly setting down. There are brake and control systems on the bobsleds. The athletes who are sitting at first control the way of the bobsled to make a right or left turn and find the ideal path down the track, and lastly use the brake to stop only after crossing the finish line. Bobsleigh is the most affected by the gravity of all the Winter Olympic sports. Athletes can only acquire speed at the start of the race, after which gravity takes over. Athletes' weight is as important as their driving abilities in determining the winner of the tournament. To ensure a level playing field, the International Bobsleigh and Skeleton Federation (IBSF) enforce weight regulations and allows teams who do not meet the maximum occupied weight to add ballast weight to their bobsleds. The winner is determined by who crosses the finish line first.

Skeleton is a sport in which athletes steer the sledge with their bodies down a curved track while lying face down and head first. Athletes bend down, ready to push off the sledge, clutching the grips on the sledge and running as quickly as they can while driving the sledge along the start grooves, then jump onto the sledge. There are no control systems or braking mechanisms on the sledge. On the sledge, they must remain in a prone position with their face-down and head-first. They may transfer their weight in order to turn, and they can tighten their arms so as to maintain an aerodynamic work to minimize air resistance. In skeleton contests, the fastest overall time is used to determine the winner after four race heats.

There is only one track for luge, bobsleigh, and skeleton, however, they all have different starting points. The bobsleigh and skeleton both begin at the same location, but the luge has its own start area. It is the International Bobsleigh and Skeleton Federation that governs bobsleighing and skeleton racing at the highest levels. The International Bobsleigh Rules and International Skeleton Rules stipulate that these two terms refer to the same match officials. Technical delegates and jury members are required for Winter Olympic Games, two or three material controllers may also be needed, if necessary. As a final arbiter of all matters pertaining to the competition, the jury has the power to render binding decisions within the framework of the IBSF International Rules. The jury's verdict is final, unquestionable, and instantly effective.

To make sure everything runs smoothly, the jury should be in charge of overseeing any potential changes to the race's ice temperature or slides, repeating the heat, stopping or interrupting the race altogether, or a reduction in the number of competitors, as well as any penalties, protests or suspension that may result. The jury has the exclusive authority to make decisions about the event. In the absence of a designated technical delegate for a particular game, the Jury President assumes the role of the technical delegate by default. Assume the athlete support person such as a coach, sledge builder, physio has violated the IBSF Code of Conduct or the Olympic Charter while competing. A warning or a fine may be appropriate in this situation, which the jury can decide on the spot. They could be disqualified by the jury, and the executive committee has the power to bar them from participating in future IBSF competitions[6].?

Only if a request is made by a jury member may the start grooves be changed during training. They utilize a computer to create the drawing in the open air. Throughout the competition, the athletes wear the same starting numbers on their shirts and shoes. The jury mandates that athletes be present during public draws. It is the jury's decision whether or not to penalize the athlete if he is out of date. There are a variety of reasons why the jury may decide to stop the race early, including damage to the track, inclement weather, or technological difficulties. After a pause, the team at the beginning will be given enough time to prepare. The jury has the authority to seize IBSF-supplied abrasives at any moment, even if they have not been used. The jury and IBSF material controller must approve any repairs to sledges that have technical issues before they can be repaired. Race heats will not proceed without the approval of the jury in between races.

In bobsleigh and skeleton, all match officers are members of the jury. It is different within luge, where judges serve as the race's match officers and can be further separated into a variety of roles each with a distinct title. "Jury" does not usually refer to a single match officer in the bobsleighing and skeleton sports, it can refer to an entire team that is charged with numerous duties. Branching from this contrast, the term "judge" among the match officers will be more detailed than "jury."

4.3 "裁判" in Ice Hockey — Referee

Winter ice hockey, or simply "hockey," is a full-contact team sport involving ice skates and pucks. Hockey is a team sport in which players on each side use sticks to shoot vulcanized rubber pucks into the goal of the opposing team. The game of hockey was a bloody rivalry, with players clutching sticks and gear guarded to the teeth. There are three 20-minute net games, with a 15-minute break between each one. Extra time is played in the event of a draw, and the game is over as soon as one team scores. There is no cap on the number of substitutions that can be made during a game, nor is there a quota set in stone. Penalties are harsh, but if a goalkeeper is penalized, another player will have to take the penalty.

On-ice officers include referees, linesmen, and standby; off-ice officers include officiating coaches and video review operations; the International Ice Hockey Federation will appoint these officials for each game at the Winter Olympics. Among all the match officials, the referees are in charge of overseeing the game and exercising complete control over all game officers and players at all times, including during stoppages, and their decisions are final in the event of a dispute. Referees are tasked with making the "final on-ice decision" in cases of goal-tending disputes, including issuing the penalties stipulated by the rules. It's possible that, as an example, the referee may decide that a game has been stopped before he or she actually blows his or her whistle. There is no point in using rubber pucks in hockey if the referee has ruled that the play had been stopped prior to the rubber puck coming loose or crossing the goal line. The referee's decision is final if there is dispute overtime or penalties.

The referees could consult with the linesmen before making a final decision. It is the linesmen's responsibility to find violations of these rules unless an unexpected issue arises. until the play is halted, the linesperson's duties shall be assumed by a referee until they are completed. An incident in the game is interpreted by a linesperson and given to the referees by that person. In the event that the linesperson witnesses a foul committed by an attacking player that the referees fail to notice, the goal will be disallowed, and the appropriate penalty will be given to the offending team. A game must be started with the officers checking that the designated off-ice officers are in their proper locations and that the timing and signaling gear is in order. Then there's the Video Goal Judge, which is an interesting piece of equipment. Video Goal Judge, briefly VGJ, is an indispensable tool during professional hockey games. It incorporates a minimum of 4 to 12 HD camera feeds from cameras located in the goal, over the goal, and on either side of the goal as well as regular play cameras that are also available to a referee via an on-ice LED screen and controller.

We can see that referees and linesmen are the most closely associated with the competition's outcome. One referee and two linemen make up the "three-man system", which is currently the most widely used. The two referees and one linesperson system is a less popular option. First, the National Hockey League introduced the "four-official system", in which an additional officer is added to assist in the calling of penalties that are difficult to assess by one referee alone. With every NHL game since 2001 using the system, the IIHF World Championships, and Olympics, as well as numerous professional and high-level amateur leagues across North America and Europe. There are two types of officers in a sporting event: referees and linespersons. They work together to ensure that the competition goes off without a hitch.

4.4 "裁判" in Curling — Umpire

Curling is a team sport, played on ice, where two teams alternate sliding granite stones toward a goal known as a "House". Each side has five turns to throw their stones. They start each end with one pre-placed stone for each team, therefore six points are possible in an end. Both players take turns placing the first and fifth stones in their respective piles.

A team gets a point for every stone in or around the house that is closer to the center than any stone on the opposing team. In the end, only one team will be able to score. At the end of a game, if no team's stones touch the house, no points are awarded. A blank end is a technical term for this situation. Delivering stones from one end of a sheet to the other, each team takes it, in turn, to deliver their stones from the Hack (a groove used as a foot support point when throwing a stone). For the stone to be considered in play, players must release it before the hog line. Removed from the play are stones that don't cross over the hog line at the scoring end. Immediately following the completion of one end, the next end is played in reverse. In order to know their final score, the players must count all of their stones after they have been brought to the scoring area. Some curling contests and formats limit the number of ends played to eight. It is possible for teams to give up early in a competition if the rules allow it. The game is won by the team with the most points at this point.

A chief umpire and deputy chief umpire are appointed by the World Curling Federation (WCF) for each WCF competition, and a deputy chief umpire may serve in more than one capacity. There should be both males and females in this group of officers. Any point of contention between the teams is settled by the umpire, regardless of whether the issue is explicitly addressed by the rules. A competition's umpire can interfere at any time and give instructions on the placing of stones, behavior, and adherence to rules during a match. It is possible for the chief umpire to intervene at any point in any game and offer such instructions as are deemed appropriate. If an umpire decides a game that should be postponed for any reason, he or she can decide how long. The umpire is also responsible for determining the regulations of the game. The chief umpire's decision is final in the event of an appeal against an umpire's decision. One can be thrown out of a game by the chief umpire because of his or her conduct or language unacceptable. The person who has been evicted must leave the competition area and cannot participate in the game again. This rule applies to all games, not only those where one player is expelled. Curling's chief umpire has the authority to propose to the curling governing body that any player, coach, or team officer be disqualified, suspended or expelled from any current or future tournaments[7].

Teams declare their delivery rotations and skip and vice-skip positions prior to a game's start, and those rotations are maintained during the game. Without the consent of the head umpire, a team that alters their delivery rotation or positions during a game will be disqualified, unless a replacement player was brought in. The game resumes where it has been left off if it is halted for any reason to remove the stones for ice maintenance, the chief ice technician, the chief umpire, and the technical delegate all need to agree, and then the game is rewound. The highest match officer in terms of making judgments is the umpire.

4.5 "裁判" in Snowboard, Figure skating and Short-track racing — Judge and referee

Snowboard is a kind of winter sport where the primary activity is riding down any snow-covered surface while standing on a snowboard with feet positioned roughly perpendicular to the board and its direction, further differentiating it from skiing, in which riders face forward[8]. It can be roughly divided into speed events and technical events. In speed events, the athletes compete against each other on the course with a variety of obstacles, any physical touch such as intentionally pushing, pulling, blocking, or forcing others to slow down, fall, or leave the course is not allowed. The first competitor to cross the finish line is the winner. And in technical events, while airborne, the athletes perform a series of tricks such as flips and spins before landing back on the track, showing their skills and creativity. The score is affected by several factors such as technical difficulty, amplitude, execution, progression as well as a variety of movements.

Figure skating is a sport that combines skating skills and dance movements, including single skating, pair skating, ice dance, and team event. Single and pair skating consists of a short program and free skating, ice dance is with rhythm dance and free dance. Each competitor's final score is calculated by adding up the total element score and program component score then deducting all deduction points, violation of rules including time violation, falls, interruption in performing, illegal element, customs and props, etc.. And the athlete with the highest score, in the end, is the champion. In the team event, the team with the highest combined score of all participants will be the winning team.

Short track speed skating is a race of speed combined with tactics. Short track speed skating after the division is not a time trial. The winner is determined by the placing over the finish line. This may involve drafting and sprinting, therefore in order to facilitate tactical competition, the maximum effort rule will not apply in events when there are semi-finals and finals. The races, also known as heats, typically include between four to six skaters. There are no lanes that athletes are confined to and only the turns are delineated, with seven markers per turn. Skaters are primarily racing against one another rather than the clock in short track, which is one of the bigger differences compared to long track. Skaters can be disqualified from events for several reasons. A skater is not allowed to deliberately block, charge, impede or push another skater. Other actions that can result in disqualification are having two false starts, skating inside the turn markers, slowing down unnecessarily, conspiring with another skater to affect the outcome of a race, deliberately kicking out a skate, and diving across the finish line.

A number of officers are assigned to snowboarding by the FIS Council, including a technical delegate, referees, judges, a head judge, and a video controller. There are significant differences between the roles of a judge and a referee.

Gate judges, including the chief of the gate judges and the other gate judges. It is the job of the main gate judge to plan and coordinate all the tasks that the other gate judges do. He assigns each gate to a guard and places them in their assigned positions. He will collect the gate judges' control cards at the end of the first run and the end of the competition and bring them to the referee. Material for gate judges (control cards, pencils, start lists) should be distributed in a timely manner, and he should be prepared to assist gate judges in keeping onlookers away from the course or maintaining it. He must ensure that the gates are numbered and marked within the allotted time frame. A complete visual reference of all gates is provided by strategically placing the gate judges along the course's length. As a gate judge, one will be in charge of a single or more gate. A gate judge is responsible for ensuring that the competitor's passage through his or her designated area of observation is accurate, and he or she must report any gate defects or rule violations immediately by radio. The regulations of a snowboarding tournament must be familiar to all gate judges. In the event of an error or a fall, a competitor may question the gate judge. To the best of the gate judge's ability, he or she must inform the participants of any potential sanctions or disqualifications. For Halfpipe, Slopestyle, and Big Air, video judging will be used at the highest levels of the FIS, including the winter Olympic games. Both as a supplemental and/or the sole means of judging, video feeds have their place.

It is mandatory for a referee to be assigned to the starting line and finish line, and the referee must remain at the starting line from the start of the official inspection time until training and competition are complete. The referee at the finish line is responsible for ensuring that all regulations are observed and for organizing and supervising training and competition. Only OWG and WSC require the finish and start referees. Reports from the chief of section gate judges will be recorded by the referee at the end of each run or phase, as well as at the completion of the competition: checking, signing, and uploading referee minutes immediately after each run or phase[9]. Section numbers where errors occurred, rule numbers leading to disqualifications and exact times at which disqualifications were posted with a specific time limit for protests shall be included in referees' minutes.

Competitions in figure skating are judged by a panel of judges and referees. These people assess the show's elements, awarding or deducting points for things like music and costumes that aren't quite up to code. Additional deductions for time, music, costume, and interruption of the show are made by referees[10]. The judges will use an eleven-grade scale to rate the quality of execution of each element based on the positive or negative features of the execution and errors. They will also consider incorrect choreography and interpretation in the scores for components such as composition, interpretation, and timing. Time should be kept by the referees from the start of a measure to the final beat of the last measure. There are nine judges for the winter Olympic games, each of whom assigns a point value to various aspects of the competition for the athletes. The referee then calculates the final score based on the points awarded by the judges. Figure skating judges and referees may plainly be seen in these two score tables.

Judges Details per Skater
裁判员对每位运动员的详细分数 / Notation détaillée des juges par patineur

Rank	Name		NOC Code	Starting Number	Total Segment Score	Total Element Score	Total Program Component Score (factored)	Total Deductions
3	HANYU Yuzuru		JPN	17	188.06	99.62	90.44	-2.00

#	Executed Elements	Info	Base Value	GOE	J1	J2	J3	J4	J5	J6	J7	J8	J9	Ref.	Scores of Panel
1	4A<	<	10.00	-5.00	-5	-5	-5	-5	-5	-5	-5	-5	-5		5.00
2	4Sq	q	9.70	-4.85	-5	-5	-5	-5	-5	-5	-5	-5	-5		4.85
3	3A+2T		9.30	2.40	4	3	3	3	3	3	2	3	3		11.70
4	3F		5.30	1.51	3	4	2	3	3	3	3	3	2		6.81
5	FCCoSp4		3.50	1.00	3	3	2	3	3	3	2	4	3		4.50
6	StSq4		3.90	1.67	4	4	5	5	4	4	4	5	4		5.57
7	4T+3T	x	15.07	2.44	2	3	3	3	3	2	2	2	3		17.51
8	4T+1Eu+3S	x	15.73	3.12	3	3	4	4	4	3	3	3	3		18.85
9	3A	x	8.80	3.20	4	3	4	4	4	4	4	4	4		12.00
10	ChSq1		3.00	2.14	5	4	5	4	4	4	4	5	4		5.14
11	FCSSp4		3.00	1.20	5	3	3	4	4	4	4	5	4		4.20
12	CCoSp4V		2.63	0.86	4	3	3	3	3	3	4	4	3		3.49
			89.93												99.62

Program Components	Factor										
Skating Skills	2.00	9.25	9.50	9.25	9.25	9.25	9.25	8.75	9.25	9.25	9.25
Transitions	2.00	9.25	9.25	9.25	9.00	9.25	9.00	8.75	9.25	9.25	9.18
Performance	2.00	8.75	8.75	8.75	8.75	8.75	8.75	8.75	8.75	8.75	8.75
Composition	2.00	9.25	9.00	9.25	9.25	9.25	9.25	9.25	9.25	9.25	9.25
Interpretation of the Music	2.00	8.75	8.75	8.75	8.75	8.75	9.00	8.75	8.75	9.00	8.79
Judges Total Program Component Score (factored)											90.44

Deductions:	Falls	-2.00	(2)									-2.00

Figure 1 Judges Details per Skater

羽生结弦[11]

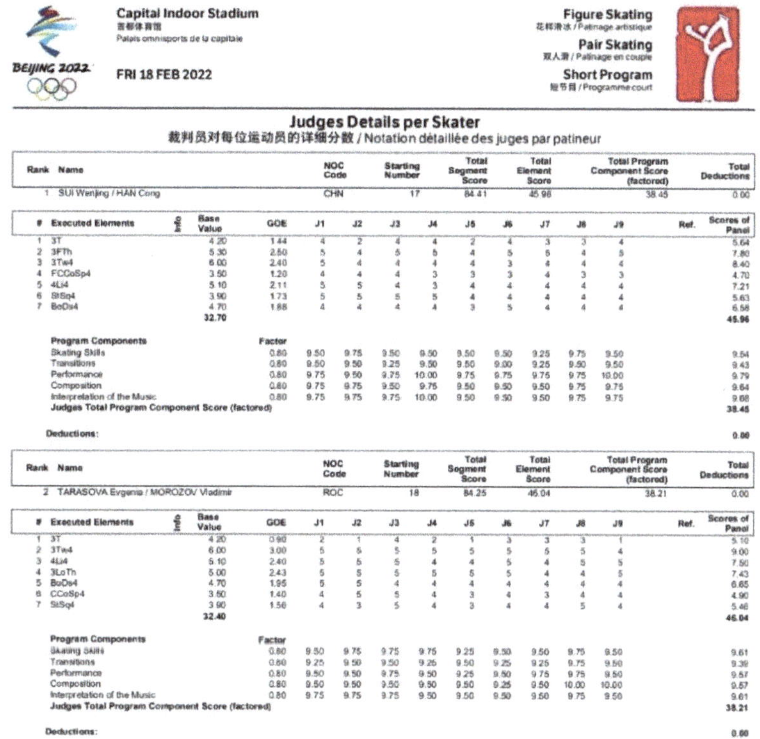

Capital Indoor Stadium
首都体育馆
Palais omnisports de la capitale

BEIJING 2022

FRI 18 FEB 2022

Figure Skating
花样滑冰 / Patinage artistique

Pair Skating
双人滑 / Patinage en couple

Short Program
短节目 / Programme court

Judges Details per Skater
裁判员对每位运动员的详细分数 / Notation détaillée des juges par patineur

Rank	Name	NOC Code	Starting Number	Total Segment Score	Total Element Score	Total Program Component Score (factored)	Total Deductions
1	SUI Wenjing / HAN Cong	CHN	17	84.41	45.96	38.45	0.00

#	Executed Elements	Info	Base Value	GOE	J1	J2	J3	J4	J5	J6	J7	J8	J9	Ref.	Scores of Panel
1	3T		4.20	1.44	4	2	4	4	2	4	3	3	4		5.64
2	3FTh		5.30	2.50	5	4	5	5	4	5	5	4	5		7.80
3	3Tw4		6.00	2.40	5	4	4	4	4	3	4	4	4		8.40
4	FCCoSp4		3.50	1.20	4	4	4	3	3	3	4	3	3		4.70
5	4Li4		5.10	2.11	5	5	4	3	4	4	4	4	4		7.21
6	StSq4		3.90	1.73	5	5	5	5	4	4	4	4	4		5.63
7	BoDs4		4.70	1.88	4	4	4	4	3	5	4	4	4		6.58
			32.70												45.96

Program Components	Factor	J1	J2	J3	J4	J5	J6	J7	J8	J9	Scores of Panel
Skating Skills	0.80	9.50	9.75	9.50	9.50	9.50	9.50	9.25	9.75	9.50	9.54
Transitions	0.80	9.50	9.50	9.25	9.50	9.50	9.00	9.25	9.50	9.50	9.43
Performance	0.80	9.75	9.50	9.75	10.00	9.75	9.75	9.75	9.75	10.00	9.79
Composition	0.80	9.75	9.75	9.50	9.75	9.50	9.50	9.50	9.75	9.75	9.64
Interpretation of the Music	0.80	9.75	9.75	9.75	10.00	9.50	9.50	9.50	9.75	9.75	9.68
Judges Total Program Component Score (factored)											38.45

Deductions: 0.00

Rank	Name	NOC Code	Starting Number	Total Segment Score	Total Element Score	Total Program Component Score (factored)	Total Deductions
2	TARASOVA Evgenia / MOROZOV Vladimir	ROC	18	84.25	46.04	38.21	0.00

#	Executed Elements	Info	Base Value	GOE	J1	J2	J3	J4	J5	J6	J7	J8	J9	Ref.	Scores of Panel
1	3T		4.20	0.90	2	1	4	2	1	3	3	3	1		5.10
2	3Tw4		6.00	3.00	5	5	5	5	5	5	5	5	4		9.00
3	4Li4		5.10	2.40	5	5	5	4	4	5	4	5	5		7.50
4	3LoTh		5.00	2.43	5	5	5	5	5	5	4	4	5		7.43
5	BoDs4		4.70	1.95	5	5	4	4	4	4	4	4	4		6.65
6	CCoSp4		3.50	1.40	4	5	5	4	3	4	3	4	4		4.90
7	StSq4		3.90	1.56	4	3	5	4	3	4	4	5	4		5.46
			32.40												46.04

Program Components	Factor	J1	J2	J3	J4	J5	J6	J7	J8	J9	Scores of Panel
Skating Skills	0.80	9.50	9.75	9.75	9.75	9.25	9.50	9.50	9.75	9.50	9.61
Transitions	0.80	9.25	9.50	9.50	9.25	9.50	9.25	9.25	9.75	9.50	9.39
Performance	0.80	9.50	9.50	9.75	9.50	9.25	9.50	9.75	9.75	9.50	9.57
Composition	0.80	9.50	9.50	9.50	9.50	9.50	9.25	9.50	10.00	10.00	9.57
Interpretation of the Music	0.80	9.75	9.75	9.75	9.50	9.50	9.50	9.50	9.75	9.50	9.61
Judges Total Program Component Score (factored)											38.21

Deductions: 0.00

Figure 2 Judges Details per Skater

韩聪 隋文静[12]

As part of their duties, referees must ensure that the judges' panel is kept in order and does not communicate with each other or look at the marks being entered by the judges sitting next to them and that they act as the official spokespersons if necessary. Referees should work with the judges' panel to determine the scores. The majority of the panel, which consists of all the judges and referees, decides whether or not to apply these deductions[13].

It is also important for referees to remind judges of the following: it is only possible for the judges to take notes during the team's performance rather than after the scores delivered. It is also necessary to enter GOE marks (a component of figure skating scores) directly into the tiny screen before writing on your judging papers. Corrections should be made after the grades have been sent. Changes to the scores after they have been sent can only be made by the referee. Judges should provide marks as soon as elements have been authorized.

Judges and referees have varied responsibilities in short-track racing, as does the sport itself. The photo finish judge, the chief finish line judge, and the finish line judges are all members of the panel of judges. To determine the order of finish in international contests, picture finish technology may be employed. All of these photographs will be examined by the Photo Finish Judge. Race results are to be reported by him to the competitors' steward or any electronic equipment that records race results. The results are final and binding. But in international championships without photo finish equipment, the chief finish line judge and finish line judges are required. The official finish order is chosen by the chief finish line judge, and the order of all finishers is recorded. Finish line judges will be assigned finishing positions, with the chief line judge being solely responsible for selecting the first place. Skaters are divided into four groups, each with its own finish line judge: Judge No. 1 selects the top two finishers, Judge No. 2 selects the next two, Judge No. 3 selects the third and fourth finishers, and Judge No. 4 selects the fourth and fifth finishers. Judge No. 5 will be the starter or his helper if there are six or more skaters in the competition. There are finish line judges assigned to each skater or team in the 3000m and relay races, who record the number of laps skated and the finish position[14].

There are also referees and assisting referees during each game. As the head of the organization, the referee is responsible for determining all areas of contention and rule violations that could result in sanctions. It's his call, and it's definitive. To serve as a replacement for a referee in the event he is unable to fulfill his duties or tasks due to illness or injury, the President has chosen a first assistant referee who will assume the referee's responsibilities and tasks. After each race, the referee will receive a verbal report of the observations and a written report of the observations after each round.

4.6 "裁判" in Nordic Combined — Judge, referee, and jury

Nordic combined, which includes ski jumping and cross-country skiing, is one of the most entertaining sports of the Winter Olympic Games. There are three sections to a ski jumping hill: an inrun, a landing slope, and an outrun. Hills can be characterized as small or large based on their height and the location of a point called K-point, on the landing slope. Setup, takeoff, flight, and ski-out are all part of a jump's technical aspects. Style points, distance points, wind and gate compensation variables add up to an athlete's overall score. As a group of five judges, they must examine the athletes' movement from takeoff to fall line in the outrun from the standpoints of timing, perfectionism, flight position, outrun, and overall precision. Participants receive 60 points when they land on the K-point; if their jump is shorter than the K-point, those 60 points are deducted. For every meter that a competitor exceeds the K-point, they are granted additional points.

Ski jumping must be completed first, followed by cross-country skiing for the athletes. Both the starting order and the start interval for cross-country events are determined by results from the ski jumping. Cross-country races are generally contested on difficult terrains, and Nordic combined competitors adopt the free approach. Flexible athletes will benefit from the course's lack of groomed terrain. The term "classic techniques" is used in individual cross-country races. There are two sets of parallel grooves that are dug into the snow on the classic ski course. Skiers are not allowed to kick the snow with either one or both of their legs when skiing. The winner is the person who arrives first[15].

Those who score directly in ski jumping are referred to as "jumping judges". All FIS

Calendar competitions have designated jumping judges. It is mandatory that five jump judges attend the winter Olympics. As a jumping judge, one of these judges needs to have a current FIS license. The Subcommittee for Officials, Rules, and Controls issues instructions and rules to the jumping judge. The jumping judge must adhere to the core premise of objectively evaluating all jumps. By designating individuals to serve as jumping judges, the FIS expresses its faith in these persons' ability to adhere to the organization's code of conduct. In order to be able to rate each jumper fairly and without bias, they spend the entire ski season practicing on the slopes. In order to be an effective jumping judge, one must practice on a regular basis and compete on a wide array of jumping hills. Before the start of the first trial round of competition, judges must attend all training sessions, be familiar with the jumping hill and judge's tower location, know the system used to record style points, and be ready to begin the trial round in a timely manner. This is a requirement for judging at a competition. In addition, according to ICR rules, the jumping judges must judge each jump separately from the other jumping judges and other participants. They are not allowed to use or carry any means of communication with anyone else. There must be no assistance from other judges when the jumping judge enters their own points deductions (start and/or result in lists cannot be used as scorecards). It is the judge's deduction (score) that is final in all cases of disagreement. Discrepancies in the entries (scores) of an athlete can be announced and corrected for the full duration of the athlete's interval.

However, in cross country, the match officer who is closely linked with the score is called "referee". Unlike jumping judges in ski jumping, they only work in the timing area and are usually called finish referees, responsible for keeping a list of the order in which the competitors cross the finish line. The data they record is the time for the athletes, which determines their final score.

The jury is also an important factor in ski jumping and cross country. The jury has the power to punish or suspend a participant beyond the FIS event where the offense occurred, depending on the circumstances. Organizing and conducting the competition in accordance with FIS rules is the responsibility of the jury. All duties begin when a jury is appointed until all protests have been resolved and an official result is released. If a competition is postponed, interrupted, or canceled, the jury must decide whether the course of the competition should be altered or additional safety measures (fences, protective material, etc.) installed along the course are necessary. If late entries and substitutions are allowed, the jury must decide whether protests should be accepted and sanctions or disqualification announced, or whether to apply for sanctions against an athlete or coach. Additionally, the jury has the authority to enable competitors to ski test and warm-up on portions of the competition course both before and during the competition. Skiing on specific sections of the competition route is permitted for athletes and service staff who wear special bibs.

5 Conclusion

According to the frame semantics, in the competition frame, the four distinct categories of match officials in Chinese are all translated as "裁判", but a closer look reveals several distinctions. Some guidelines for judge, jury, referee, and umpire are provided herein.

The term "judge" might sometimes imply a greater degree of subjectivity than other terms. To ensure a fair race, the judge oversees the crucial start process. As the initial point of contact, he or she must determine whether or not the beginning procedure adheres to the rules. When it comes to competitions like ski jumping, figure skating, and snowboarding, judges are expected to assess the participants' performances based on their own subjective judgments in accordance with the rules of the competition. .

The term "jury" is more commonly used to refer to a group of people, and the meaning "evaluating" is covered more often than the term "judging." Speed is the sole deciding criteria in the bobsleigh and skeleton races; hence the winner is decided solely by the jury's subjective assessment of the competitors' performance. There is no direct scoring of competitors in the ski jumping and the cross-country races, but the jury has overall control of the competition, which includes directing the officers and participants. As a result, the jury can make an objective assessment of the race because of its size and breadth of responsibilities.

With direct physical contact between players, the referee has to keep the order of play through officiating in ice hockey. The referee does not need to score directly, as is the case in cross country racing and snowboarding, the referee only needs to make the final call. In addition, the referee is also the "裁判长", in figure skating the referee integrates the scores of the judges to give a final score and these judges are managed by the referee.

In the Winter Olympics, the "裁判" for curling is the umpire. Curling is a non-direct confrontation sport, and the umpire has to strictly control the competition between the two teams in accordance with the rules of the game. Similarly, in non-Winter Olympic sports, the umpire is often used in net separated competitions like tennis, table tennis, and badminton, where players play without direct physical contact. Umpire itself means a third person who can judge between two. In summary, the umpire is the third person outside the two teams to maintain the game strictly according to the rules of the game.

The term "judge" can be used in a specific context as well. Equipment on the field of competition constitutes a unique "裁判" in the game, and these non-human "裁判" play an important role in the game, they are called "judge." For example, the Video Goal Judge in ice hockey and the Video Judging in snowboard.

In summary, in the specific frame - competition, there are numerous ways to express "裁判", and each with its own purpose. When analyzing the term "裁判" in different sports, it is important to be rigorous and familiar with the rules of the sport, and then to compare them with the Chinese expressions used in that sport, in order to understand their true meaning. The above rules are only a superficial analysis of "裁判" in part of the Winter Olympic Games, and cannot be applied to all sports. The perfect host of the 2022 Beijing Winter Olympics provides more reference materials, which need to be carefully studied to analyze the connotations of different "裁判" in a more in-depth manner. This year's Winter Olympics have set up a number of new sub-events, and the scoring method is also paying more and more attention to details. Whether it is "裁判" or other terms, when the Chinese language cannot convey the meaning, the translator's initiative is needed. The author has the following suggestions.

Firstly, paraphrasing can be used to improve readability by allowing audiences who are unfamiliar with the sport to better understand the meaning of the source term, rather than just the literal meaning. Secondly, the neutral term of non-sports professional terms can be used. Due to the difference in sports systems, many of the concepts and principles involved in English terms may not exist in Chinese, so there is no equivalent or near equivalent term. In this case, the translator can translate the term into a neutral term for a non-English professional term in Chinese after correctly understanding the meaning of the English term, in order to avoid confusion and misunderstanding. When none of the above methods works, one can try to create new words, neologism. Sport is constantly evolving, as is the English language and culture, so existing translations of terms may not be able to meet the needs of audiences in the future, so the creation of new words is inevitable. But whatever the method, it is only possible if the translator has a good understanding of the sport and is able to use the flexibility of his or her own translation skills, while at the same time considering the correct use of flexibility and the constraints it may be subject to, in order to ensure the quality of the terminology and, ultimately, the quality of the translation of the sporting text.

参考文献

[1] 梁燕. 英语在奥运赛事中的应用[J]. 中国新通信,2020,22(04):241.

[2] Fillmore. C J. Frames and the Semantics of Understanding[J]. Quaderni di Semantica,1985,6(2):222-254.

[3] Fillmore. Cognitive Linguistics: Basic Readings[M]. Berlin: New York: Mouton de Gruyter, 2006: 373-400.

[4] 霍恩比 A S Hornby. 牛津高阶英语词典 Oxford Advanced Learner's Dictionary[M]. 北京: 商务印书馆, 2014.

[5] Zhao Yimeng. Training Programs create jobs in winter sports[N]. China Daily, 2022-01-07(14).

[6] International Bobsleigh and Skeleton Federation. International Skeleton Rules [EB/OL].

https://www.ibsf.org/images/federation/Rules_and_Regulations/.

[7] World Curling Federation. THE RULES OF CURLING[EB/OL].

https://s3.eu-west-1.amazonaws.com/media.worldcurling.org/.

[8] 美国不列颠百科全书公司. 不列颠百科全书 250 周年纪念版[M]. 北京: 中国大百科全书出版社, 2019.01 .

[9] 国际滑雪联合会. 单板滑雪竞赛规则与裁判手册[M]. 张辉球, 李扬, 译. 北京体育大学, 2013.

[10] 薄杨. 从德国功能理论看花样滑冰文本翻译[D]. 北京交通大学, 2013.

[11] 首都体育馆. 裁判员对每位运动员的详细分数[EB/OL].

https://olympics.com/beijing-2022/olympic-games/static/owg2022/.

[12] 首都体育馆. 裁判员对每位运动员的详细分数[EB/OL].

https://olympics.com/beijing-2022/olympic-games/static/owg2022/.

[13] 国际滑冰联合会. 花样滑冰裁判员手册[M]. 王树本译. 北京：人民体育出版社, 1982.

[14] 国际滑冰联合会. 短道速度滑冰裁判员手册[M]. 申鸽译. 沈阳：白山出版社, 2000.

[15] 李德志, 吴翔程, 吕晔. 实用越野滑雪英语翻译 英译汉 [M]. 哈尔滨: 黑龙江教育出版社, 2014.

框架语义学视角下对冬奥项目 "裁判"

摘要

当今社会，冬奥项目越来越受到大家的关注。2022 年北京冬奥会和冬残奥会的成功申办提高了人们对冰雪运动的兴趣。与此同时，相关的体育英语也受到了广泛的关注。作为国际语言，英语能够使观众更直观地了解到他们感兴趣的赛事。然而，对于非专业的体育受众来说，要区分和理解体育英语术语中出现的近义词较为困难。裁判，是运动项目中必不可少的一部分。与中文只 "裁判" 一词不同，英语中 "裁判" 有多个近义表达。冬奥项目在中国普及度较低，不同的项目中的 "裁判" 在其字面下有着更复杂的内涵和职能，因此，准确区分这一术语对于普及冬奥项目来说显得举足轻重。本文以冬季奥林匹克运动会各项秩序册为主要研究文本，聚焦与裁判员相关内容；以 Charles J. Fillmore 提出的框架语义学作为理论框架，旨在深入分析冬奥项目英语中各类 "裁判"，对中文中 "裁判" 在不同冬奥项目中的职能和内涵进行比较，探讨当其与英语中的不同表述含义不对等时可采取的措施，为辨析英语近义词提供新的视角，从而对中国承载更多新兴项目时解决翻译过程中英汉术语不一致这一问题有所启示。

关键词: 冬奥项目；裁判；框架语义学